社会学与生活

SOCIOLOGY AND LIFE

王坤 著

中国纺织出版社有限公司

内 容 提 要

我们都身处社会之中，但真正了解社会学的人并不多。因为社会学是一门包含诸多分支的学科，研究的范围也很广泛，很难用三言两语说清楚——社会学到底是什么？社会学家米尔斯指出，了解社会学、学习社会学需要具备社会学的想象力，因为个人在各种特定的社会环境中所经历的事情，往往都与社会的结构性变化有关。本书从社会学的发展史着手，结合常见的生活案例，深入浅出地诠释诸多经典社会学原理，让读者在轻松的阅读中系统地了解社会学，切实地感受社会学与每一个人都有着千丝万缕的联系；同时，也引导读者培养社会学的想象力，将身边发生的事情、个人的经历处境与宏阔的社会空间联系起来，像社会学家一样站在更高的维度，以更广阔的视角去思考问题。

图书在版编目（CIP）数据

社会学与生活／王坤著.--北京：中国纺织出版社有限公司，2024.4
ISBN 978-7-5229-1343-8

Ⅰ.①社⋯　Ⅱ.①王⋯　Ⅲ.①社会学—通俗读物　Ⅳ.①C91-49

中国国家版本馆CIP数据核字（2024）第033145号

责任编辑：郝珊珊　　责任校对：高　涵　　责任印制：储志伟

中国纺织出版社有限公司出版发行
地址：北京市朝阳区百子湾东里A407号楼　邮政编码：100124
销售电话：010—67004422　传真：010—87155801
http://www.c-textilep.com
中国纺织出版社天猫旗舰店
官方微博 http://weibo.com/2119887771
鸿博睿特（天津）印刷科技有限公司印刷　各地新华书店经销
2024年4月第1版第1次印刷
开本：710×1000　1/16　印张：15
字数：176千字　定价：59.80元

凡购本书，如有缺页、倒页、脱页，由本社图书营销中心调换

前言

初次接触社会学的人,大都心存一些疑问:社会学是什么?学习社会学有什么用?该怎样学习社会学?坦白讲,这些问题不太容易解答,即便是系统地学习过社会学的人,也经常被这些问题困扰。因为社会学的分支很多,研究的范围也很广泛,很难用三言两语解释清楚。

美国社会学家米尔斯在《社会学的想象力》中指出,学习社会学的目的是发展社会学的想象力,进行社会学的研究就是运用这种想象力去认识世界、解释世界。

什么是社会学的想象力呢?

简单来说,它是一种思维方式,可以帮助我们理解个人经历与这种经历背后的社会结构的关系。个人在各种特定的社会环境中所经历的事情,往往都与社会的结构性变化有关,具备了社会学的想象力,就可以用更广阔的视角去看待日常生活中那些熟悉的现象。

米尔斯说:"在一座拥有10万人口的城市中,如果只有一个人失业,那么这是他的个人困扰。但是,在一个拥有5000万就业人口的国度,如果有1500万人失业,那就成了公共议题。"对于普通人来说,失业是个人的不幸遭遇,可当社会中有上百万人都处在相同的境地时,失业就不仅仅是个人的问题了,而是一个值得关注的社会问题。

其实,结合实际生活,我们还可以列举出很多类似的情形。

小孩子经常会玩"过家家"的游戏,大家都习以为常,觉得这就是孩子之间的游戏。可是，为什么全世界的孩子都喜欢玩这个游戏呢？这个游戏的背后蕴含着哪些社会学意义呢？

多数人都很清楚，不遵守法律会遭到惩罚，抗拒法律判决更是罪加一等。毕竟，法律是一种强制性的社会规范。可是，有些社会规范并不是强制性的，为什么人们也会选择遵守呢？

看到与自杀相关的消息时，我们往往会心头一沉，感叹一个鲜活的生命逝去。在普通人看来，自杀者是遭遇了生活困境，心中郁结难解，才会走上轻生之路。然而，自杀真的只是个人行为吗？它与自然环境、职业结构、民间习俗、宗教信仰有没有关系呢？

早晨喝咖啡是很日常化的行为，为什么许多中国人会把它跟"提神"联系在一起，而西方人却把它当成生活的组成部分呢？为什么西方的咖啡馆遍地开花、价格较便宜，而中国的咖啡馆不太常见、价格也较贵呢？

……

有没有发现，生活中的许多事情看似只跟个人有关，其实却反映了更大的社会问题。学习社会学，就是为了培养社会学的想象力，让我们更好地理解日常生活、个人境遇和社会现象之间的关系。恰如米尔斯所说："个体若想理解自己的体验，估测自己的命运，就必须将自己定位到所处的时代；他要想知晓自己的生活机会，就必须搞清楚所有与自己境遇相同的个体的生活机会。"

最后，真心希望这本书可以帮助大家系统地了解社会学，感受到社会学的魅力，并学会在生活中运用社会学的想象力，以更宽广的视角看待个人境遇与日常惯例。由于社会学本身的复杂性，以及编者自身能力水平的限制，书中可能会存在一些不足或纰漏，在此恳请各位读者悉心指出、不吝赐教，以便我们在今后的工作中加以改正。

王坤

目录 CONTENTS

CHAPTER 01 社会学是研究什么的？ 001

为什么会产生社会学？ _ 002
社会的发展经历了哪些阶段？ _ 005
社会学怎样成为一门独立的学科？ _ 008
生物进化论能解释社会现象吗？ _ 011
怎样理解韦伯的"理解社会学"？ _ 014
个人的活动可以直接构成社会吗？ _ 018
知识社会学是研究什么的？ _ 021
研究特定领域的社会学怎样命名？ _ 024
马克思的唯物史观是什么？ _ 026
为什么说经济基础决定上层建筑？ _ 028
社会系统运作的关键要素是什么？ _ 030
人的行动和社会结构有何关系？ _ 033

CHAPTER 02 我们是生而为"人"的吗？ 035

狼孩是真正意义上的"人"吗？ _ 036
每个人都是他人的一面镜子 _ 040
别小看孩子玩的"过家家"游戏 _ 044
人会原封不动地接受他人的期待吗？ _ 047

人生的每一阶段都有特定的发展任务 _ 049
我们可以改变自己的社会地位吗？ _ 054
每个人都要扮演不同的社会角色 _ 056
你渴望成为"什么样"的人？ _ 059
身为"边缘人"是怎样一种体验？ _ 060
人们使用身体的方式不是天生的 _ 063
为什么每个人的习惯都不一样？ _ 065
谁是你"命运"的缔造者？ _ 068

CHAPTER 03 如何扮演好自己的角色？   071

社会是人与人之间交互的产物 _ 072
生活如戏，你我都是舞台上的演员 _ 074
怎样在他人心中塑造一个好形象？ _ 077
种族意识和阶级意识是怎么回事？ _ 080
与任何人相处都要"保持距离" _ 083
如何让交往顺利地进行？ _ 087
每一份礼物都蕴藏着"灵魂" _ 089
为什么得了别人的好处要回报？ _ 091
第一次见面，千万不要搞砸了 _ 093

CHAPTER 04 群体对一个人的影响有多大？ 097

为什么人类要结成群体？ _ 098
公园里的游客是社会群体吗？ _ 100
"外地人"一词里隐含着什么？ _ 102
家庭有着怎样的社会学意义？ _ 105

面对群体压力,你会怎么做? _ 108
人们为何喜欢在竞争中获得快乐? _ 110
群体让你的工作效率下降了吗? _ 112
跟什么样的人在一起很重要 _ 115
所有冲突都是破坏性的吗? _ 118

CHAPTER 05 性别究竟意味着什么? 121

社会性别背后的权力关系 _ 122
女人是天生的,还是后天造就的? _ 124
性别是一种表演吗? _ 127
谁定义了性别该有的样子? _ 129
为什么要谈论女性主义? _ 131
你敢承认自己是受害者吗? _ 135
"看与被看"是一种权力关系 _ 138
可怕而不自知的"厌女症" _ 141
谁在弱化强奸行为的严重性? _ 145
尼加拉瓜女性为何要练跆拳道? _ 148
多少女性正在经历"母职惩罚"? _ 152

CHAPTER 06 谁来制约人的社会行为? 155

社会制度能发挥什么作用? _ 156
人们为何选择遵守社会规范? _ 159
风俗习惯与社会公德有何不同? _ 162
为什么会有人做出越轨行为? _ 164
社会学家怎样看待越轨行为? _ 166

社会控制是怎么产生的？ _ 168
哪些因素会阻止人们犯罪？ _ 170
谁把"越轨者"推向了不归路？ _ 172
犯罪行为是后天习得的吗？ _ 175
当社会价值观的导向发生了偏差 _ 178
社会氛围过度强调成功会怎样？ _ 180
为什么会滋生暴力？ _ 182
自杀是纯粹的个人行为吗？ _ 185
社会舆论是"天使"还是"魔鬼"？ _ 188

CHAPTER 07 文化究竟意味着什么？ 191

祛魅是人类的"梦醒时分" _ 192
文化的本质是一种观念形态 _ 194
亚文化：读懂年轻人的突破口 _ 196
那些"圈内人"才能读懂的隐语 _ 198
不文明现象都是道德问题吗？ _ 200
独在异乡，逃不过的文化休克 _ 202
贫困只是因为物质资源匮乏吗？ _ 206

CHAPTER 08 如何远离消费主义的陷阱？ 209

消费主义的宣言：消费＝享受 _ 210
消费主义的"陷阱"是什么？ _ 213
你买的是物品的使用价值吗？ _ 215
被"符号"绑架的炫耀性消费 _ 217
消费中不可忽略的示范效应 _ 220

目录

你为"新睡袍"过度消费了吗？ _ 223

"打卡"网红餐厅的意义何在？ _ 226

发展闲暇消费有什么好处？ _ 228

CHAPTER 01

社会学是研究什么的?

实证哲学教程

SOCIOLOGY AND LIFE

为什么会产生社会学？

奥古斯特·孔德
（1798~1857）

"法国著名哲学家、社会学家和实证主义的创始人，被尊称为'社会学之父'。他在1839年出版的《实证哲学教程》第4卷中首次提出'社会学'的概念，对于社会学的发展具有里程碑意义，他提倡用自然科学的方法研究人类社会。"

每个人都身处在社会之中，可提及什么是社会学，多数人所能给出的解释几乎都是同一句话："就是研究社会的一门学问呗！"这个答案没什么问题，也算是对社会学最通俗、最笼统的解析。然而，社会是一个极其庞大的存在，单纯用这样一句话来描述社会学，很难解开萦绕在人们心中的一系列谜团。毕竟，"社会"一词太过简洁宏大，社会本身又包罗万象。

现在，我们从最根本的问题"社会学是怎么产生的？"入手，慢慢揭开社会学的神秘面纱。

"社会学"一词，最早出现在法国哲学家、社会学家孔德的著作《实证哲学教程》中，他将利用科学方法实证地考察社会的学科命名为社会学。自此，社会学正式成为一门学科。

> **实证哲学教程**
>
> 作为实证科学的社会学以合理性预测为目的。

1789年7月14日，法国大革命爆发，整个社会陷入了一片混乱之中。面对残破的法国社会，许多有识之士都感到痛心和担忧，其中包括法国哲学家和思想家孔德，他们都在思考同一个问题：如何重建社会秩序？

孔德认为，**重建社会秩序需要一套全新的知识体系作为指导**，他倾向于用实证主义的方法对社会现象进行考察，并想到了"社会物理学"（Social Physics）这一名词。

实证主义，是指必须在经验的基础上以科学的观察和实验来寻求真理。

正如孔德所言，社会学的研究应当与其他自然科学一样，是科学的、系统的、经得起反复观察和检验的。这也意味着，社会学家不能闭门思考问题，要多做实地考察。今天的社会学研究方法主要有两种，一是定量研究——建立统计模型；二是定性研究——深入社会参与观察。

在孔德看来，社会现象受到不可更改的自然规律的制约，观察的目的是预测，以求不断发现现象之间的必然联系，找出它们的规律，并把规律应用于社会生活，服务于人的需求。换句话说，如果发现了可被科学实证的社会法则，就可以预测重建社会秩序需要做什么。

之后，孔德对"社会物理学"的名字进行了修改，以拉丁语的词头"soci"和希腊语的词尾"ology"创立了一个全新的词汇，就是我们现在看到的"sociology"（社会学）。

作为社会学创始人、古典实证主义社会学家，孔德率先提出并运用自然科学的实证方法来研究和分析人类社会现象，创立了以社会为研究对象的新兴科学——社会学，让人类对社会的探索从思辨哲学中走出来。尽管孔德的实证主义存在一定的历史局限性，但其对社会道德、秩序、进步、和平的追求，以及后来的社会学发展有着重要的借鉴意义。

> 重建社会秩序需要一套全新的知识体系作为指导，孔德倾向于用实证主义的方法对社会现象进行考察。如果发现了可被科学实证的社会法则，就可以预测重建社会秩序需要做什么。

社会的发展经历了哪些阶段？

孔德按照物理学的分类方法，把社会学分成两个部分：第一部分是社会静力学，主要研究社会结构与社会秩序；第二部分是社会动力学，主要研究社会发展与社会进步。

社会静力学着眼于社会结构的解剖，研究社会机体各个组成部分的作用与反作用规律。

静力学分析，涉及个人、家庭、社会三个方面。在孔德看来，家庭是社会最持久的因素，也是社会重建的最好工具。社会要发展，应当以利他之心克制利己之心，而家庭是利己与利他思想最和谐的体系。如果社会关系能和家庭关系一样，充满友爱、充满同情、相互支持，拥有合作精神，就可以实现理想社会。

社会动力学，是研究人类社会发展与进步的理论。

孔德认为，社会有机体与生物体一样，都是在不断进化的，人类理智的进化对人类社会总体的进化发挥着决定性的作用。他强调，人类的理智在任何一个思辨领域都要经历三个阶段，即神学阶段、形而上学阶段、实证阶段。因此，人类社会的总体进化也遵循这一规律，需要经过相对应的三个阶段，即军事阶段、法学阶段和工业阶段。

在孔德的心目中，社会学就是研究社会秩序与社会进步的科学，两者关系密切、相辅相成：如果进步不与秩序在一起，进步是难以持久的；如果秩序不与进步共存，真正的秩序也难以建立。由此，"秩序与进步"成为孔德实证哲

奥古斯特·孔德

三阶段法则

人类社会的三个阶段 / **人类理智的三个阶段**

- **军事阶段**：神职人员与军人占主导地位 — **神学阶段**：用神话解释事实
- **法学阶段**：法学家与思想家占主导地位 — **形而上学阶段**：用主观的抽象逻辑解释事实
- **工业阶段**：科学家与企业家占主导地位 — **实证阶段**：用科学解释事实

学的社会政治理论的经典概括和标志性口号，并被他的追随者们镌刻在他的墓碑之上。

1848年2月，孔德创建了以"秩序与进步"为基本宗旨的实证主义协会，进一步强调了爱他主义道德的作用，并正式提出"人道教"的学说。晚年的他认为，当社会进化到最后阶段，实证主义要用对人类的崇拜完全取代对上帝的崇拜，用博爱取代个人拯救与利己主义的思想。其实，此时的"人道教"已经成为一种无神论的宗教，孔德这种以宗教代替科学的做法，最终妨碍了他对社会学长期的研究与坚持，遗憾的是，他至死也没有意识到这一点。

画重点

社会有机体与生物体一样,都是在不断进化的,人类理智的进化对人类社会总体的进化发挥着决定性的作用。

社会学怎样成为一门独立的学科？

埃米尔·涂尔干
（1858~1917）

> 法国乃至欧美最负盛名的社会学家，社会学的主要奠基人之一，代表著作有《社会学研究方法论》《社会分工论》《自杀论》等。涂尔干认为，社会学要成为一门科学，必须将现象视作'物'来进行客观考察。他生平最大的贡献是，让社会学真正成为一门完全独立的学科。

在孔德之后，法国的另一位社会学家埃米尔·涂尔干，又沿着实证主义的思路，通过观察、统计和比较，从各类事实的相互作用中揭示社会发展规律，将社会学研究继续向前推进了一大步。在涂尔干庞大而复杂的理论中，影响最为深远的莫过于——**他提出社会学研究的特殊对象是"社会事实"，即社会学要成为一门科学，必须将现象视作"物"进行客观考察。**

什么是社会事实呢？

涂尔干给出的定义是："一切行为方式，无论它是固定的，还是不固定的，凡是能从外部给予个人以约束的；或者说，普遍存在于该社会各处并具有其固定存在的，无论在个人身上的表现如何，都叫作社会事实。"

在现实生活中，把5根牙签用不同的方式进行拼接，可以拼出多种不同的图形。社会产生的过程与之有相似之处：假设每根牙签都代表"个人"，当"个人"与"个人"以不同的方式"拼接"时，就产生了不同于个人总和的"社会"。

涂尔干认为，个人与个人的结合会形成一个超越个人总和的社会，并形成一种"社会要由大家一起维系"的集体意识。这种集体意识塑造了社会事实，如果不遵守社会事实，社会就没有办法存续。从这个角度来解释，**"存在于个人之外，却能制约个人行为的规范"，就是涂尔干所说的社会事实。社会事实具有三个主要特征：客观性、强制性和普遍性。**

社会事实的特征 ——埃米尔·涂尔干

社会是"物"。

客观性 独立于个人的意识之外

强制性 对个人存在强制的约束力

普遍性 集体共有的普遍特征

当我们接触到社会事实时，该怎样进行观察呢？涂尔干认为，观察社会事

实的基本原则是"把社会事实作为物来进行考察",在此基础之上,他又细分出三个主要准则:

准则1:对社会事实进行客观的研究,摆脱一切臆断。

准则2:以社会事实解释社会事实,不能通过个体主观或心理层面做出解释。

准则3:对社会事实的完整解释,必须包括因果分析与功能分析,先研究该现象产生的原因,再进行功能分析。

简而言之,涂尔干的社会事实是讨论社会自成一格的真实,有其独特的系统,不能以个人心理等因素来解释,为社会学的独立学科地位的确立做出了巨大的贡献。

> 涂尔干认为,具有仅仅为社会学所研究的特殊对象,是使其成为一门独立学科的必备条件。为此,他提出社会学的研究对象是"社会事实",要把社会事实当成"物"来考察。

生物进化论能解释社会现象吗？

赫伯特·斯宾塞
（1820~1903）

> 英国哲学家、社会学家，被誉为'社会达尔文主义之父'。斯宾塞社会学理论的特点在于，他将社会与生物有机体进行类比并得出重要结论：社会是一个由相互联系的各部分构成的紧密整体，这个体系只能从其结构运转的意义上去理解，体系要存在下去，其需求必须得到满足，这些观点开启了结构功能理论的先河。

提起"优胜劣汰，适者生存"，大家都会不约而同地想到达尔文的生物进化论。在生物漫长的发展进程中，唯有不断适应环境变化的物种，才能够生存下来；那些无法适应环境变化的物种，则会被大自然淘汰。既然所有的生命都遵从"优胜劣汰"的自然法则，那么"社会"是否也存在这样的一套发展法则呢？生物进化论能否用来解释今天的社会现象呢？

19世纪欧洲的哲学家和思想家们，受到生物进化论的影响，也开始纷纷思考这一问题，其中最著名的是英国哲学家斯宾塞。

1798年，英国人口学家马尔萨斯出版了《人口原理》一书，他指出：在没有限制的情况下，人口以几何级数增长，生活资料以算术级数增长，结果必然会引起灾难和战争。唯有通过优胜劣汰的方式，如战争、瘟疫、穷人不得结婚等，才能维持人口与生活资料的平衡。

这一观点吸引了斯宾塞的注意，并给他带来了启发。于是，他将生物进化的法则引用到社会领域中，提出了"社会进化论"。

斯宾塞认为，宇宙存在着一个首要原理，即进化是宇宙的主要过程，宇宙间的一切事物都是从简单到复杂、从不确定到确定、从同质到异质的过程，人类社会也遵循这样的原则。

1. 从简单到复杂：简单的部落形式 → 复杂多元的国家形式

2. 从不确定到确定：没有强制效应的习俗、礼仪 → 明确的法律法规

3. 从同质到异质：传统农村 → 现代都市

关于"从同质到异质"的问题，这里做一点简单的解释：在乡土社会中，多数人从事相同的农业生产，人口流动性小，大家的生活方式都差不多；伴随着城镇化的发展，不同的工作岗位开始出现，人们的生活方式变得愈发丰富，人与人之间的差异性也越来越明显。

斯宾塞和孔德都认为，社会是像生物一样的有机体。只不过，孔德强调是人类的精神发展带来了社会的进步，而斯宾塞的社会进化论则更加强调社会体系与功能。在他看来，社会的进化是朝着更大规模、更有凝聚力、更具确定性和多样性的方向发展。

斯宾塞是最早把"优胜劣汰，适者生存"的观念引入人类社会的人；在他看来，人类社会存在着与自然界一样的残酷斗争，那些弱小的、低劣的人种会被淘汰，社会总是会让"最适者"生存下来。这一观点在19世纪末20世纪初掀起了激烈的浪潮，然而到了20世纪中期之后，人们更多地将它与种族主义、纳粹主义联系在一起，引发了各国知识界的批判与争议，"社会进化论"因此逐渐淡出了人类的思想世界。

今天的我们，生活在一个竞争无比激烈的社会之中，"狼性法则"也许能获得一时的领先优势，但不具有可持续发展的能力。如果任由"优胜劣汰"的法则在人类社会中无止境地运用，人人都会自行其是，争当可以生存下来的"最适者"，就会导致无穷无尽的混乱；更糟糕的是，存活下来的"最适者"，未必都是"最优者"，也可能是投机取巧、不择手段的小人。

要理解"物竞天择"在社会中的作用，还须用辩证法的思维。

人类是自然的一部分，自然逃脱不了"优胜劣汰"的规律，不能妄想完全用配给代替竞争。但是，自然选择是一个彻底的唯结果论，把生存优势简化成几个简单的维度过于狭隘和随意。**生物之间的相处方式，也并非单纯的竞争和对抗那么简单，把充满成长性的生存竞争定义为你死我活的零和游戏并不恰当，它既不符合生物进化的事实，也不符合人类社会的发展现状。**

人类社会过去两三百年的高速发展告诉我们，新知识的创造、传播和积累，固然需要一定程度的竞争与对抗，但也需要开放心态、合作精神和长期主义。

> **画重点**
>
> 任由"优胜劣汰"的法则在人类社会中无止境地运用，人人都会自行其是争当"最适者"，这会带来无穷无尽的混乱，且存活下来的"最适者"未必是"最优者"，也可能是不择手段的小人。

社会学与生活

怎样理解韦伯的"理解社会学"?

马克斯·韦伯
（1864~1920）

> 德国政治学家、经济学家、社会学家，与卡尔·马克思和埃米尔·涂尔干并称为社会学的三大奠基人。韦伯认为，社会科学与自然科学存在本质上的差异，人类的社会行为太过复杂，不能用传统自然科学的方法进行研究。他开创了比较社会学、理解社会学的基本研究方法，对德国近现代与当代法学产生了深远的影响。

德国海德堡山顶墓地里埋葬着一位逝者，为了纪念他不平凡的一生，其妻子从《浮士德》中挑选了一句话作为他的墓志铭——"尘世一切皆寓言，自此吾辈再无君。"这个人就是德国学者马克斯·韦伯。

当涂尔干在法国倡导实证社会学的时候，比他小6岁的马克斯·韦伯在德国开创了社会学的另一个研究向度，他将自己倡导的社会学研究称为"理解社会学"。韦伯认为，社会学是一门科学，其意图在于对社会行动进行诠释性的理解，并对社会行动的过程和结果进行因果解释。

理解社会学的研究对象有两个，一是社会行动，二是社会学的研究方法，即理解与解释。

如果一项行动被赋予了主观意义，并且指向他人，就不再是单纯的行动，而是变成了社会行动，其载体是个人。社会行动的显著特征在于，与他人的行为发生意义关联。

在理解社会学中，社会行动须具备两大要件：

其一，行动个体对其行为赋予主观的意义。

其二，行动者的主观意义指向他人，与他人的行为发生意义关联。

请注意，这里所说的"他人"，可以是熟人、陌生人或不确定的多数人；"他人的行为"可以是现在或过去的行为，也可以是未来预期的行为。

韦伯把社会行动分为四种类型：

1.目的理性式行动：基于目标而采取的理性行动

2.价值理性式行动：基于自身信仰或价值观的行动

3.情感或情绪式行动：基于情感的行动

4.传统式行动：基于习惯的行动

韦伯不赞同把"自利"视为人类行动的根本动机，他认为除了"利害关系"之外，人们的行动还会受到习惯、情绪和价值规范等因素的影响。 不过，韦伯也强调，这样的划分方式仅仅是出于社会学研究的需要，属于概念上的理想类型，实际的社会行动很少指向上述讨论中的单一方式，更常见的是行动中混杂了来自不同类型的因素。

确定了研究对象之后，如何进行研究，是韦伯需要思考的问题。**他不主张用实证主义的方法来研究社会学，因为实证主义方法只关注事物的外在联系，而人类的社会行动是受主观意图指引的，行动者为何要这样行动，有其自己的想法和解释。** 所以，韦伯认为社会学的研究方法应该是理解与解释，以个人主观意图作为社会探究的出发点，以"理解"的方法研究社会行动过程。

社会学意义上的理解，是试图探查行动者主观行动的意义关联，从而建构起行动者与行动之间的意义脉络。**理解分为两种，其一是直接观察性理解，其二是解释性理解。**

社会行动的四种类型

1. 目的理性式
2. 价值理性式
3. 情感或情绪式
4. 传统式

倡导"理解社会学"，即通过解释人类行动的动机和意义获得理解。

马克斯·韦伯 1864~1920

直接观察性理解，是指仅仅观察一些行动，来猜测行动者的主观意义；解释性理解，是指探察行动者对行动赋予的主观意义，来达到对行动者实际行动过程的解释。不过，由于主观动机与目的之间并不总是理性对应的，因此韦伯提出，社会学的解释还必须具有"因果上的妥当性"。

在韦伯看来，"理解"是社会学必要的一部分，但他也看到了解释性理解方法的局限性和因果分析法的重要性，试图把解释性理解和因果分析方法结合起来，使两者相互补充，形成一种尽可能客观科学的社会分析模式。

在确立了研究对象之后，韦伯又提出：**应当把价值中立作为从事社会学研究必须遵守的方法论准则，即必须放弃任何主观的价值观念，严格以客观、中立的态度进行观察和分析，从而保证研究的客观性和科学性。**

在韦伯看来，每个人都是自己的主人，不能以自己的标准去衡量其他的人和事，在研究中也当保持中立的态度。社会学研究者关心的应当是事实的陈述，而不是对事物作好坏评价的观点。

在社会学的发展历程中，马克斯·韦伯不只是一个名字，更是一块无法轻易绕过的现代性界碑。社会学家科塞对韦伯的评价恰如其分："韦伯以永不停息的斗争为代价，获得了对社会清晰透彻的认识，很少有人达到他那样的深度，他带来的是对人类和社会的深刻理解。"

> 韦伯认为，实证主义方法只关注事物的外在联系，而人类的社会行动是受主观意图指引的，因而社会学的研究方法应该是理解与解释，以个人主观意图作为社会探究的出发点，以"理解"的方法研究社会行动过程。他还强调，社会学研究者应当保持价值中立。

个人的活动可以直接构成社会吗?

格奥尔格·齐美尔
（1858~1918）

" 德国社会学家、哲学家，是19世纪末20世纪初反实证主义社会学思潮的代表人物之一。他认为社会不是一个实体，而是一个过程，一种具有意识的个体之间的互动过程，即人与人之间的互动，他将之称为'交往'。"

德国社会学家、哲学家齐美尔，是19世纪末20世纪初反实证主义社会学思潮的代表人物之一，他与韦伯、滕尼斯并称为德国社会学的三驾马车。齐美尔认为，社会学必须具备专业性，才能成为科学。比如，在对一个村落进行考察时，经济学者会关注该村落的经济结构和预算，神学者会关注该村落的教义，法学者会关注该村落的法律法规，那么社会学家该关注什么呢？

齐美尔认为，**社会并不是像物一样的实际存在，而是一种具有意识的个体之间的互动过程，是人与人之间的"交往"构成了社会，社会的存在就体现在这些互动的关系上**。因此，社会学应该脱离社会关系的具体内容，专门研究社会关系的形式或人类交往的形式。

在齐美尔看来，个人的活动就是社会的内容，但这种活动不能直接构成社会，它们只能在相互作用或"互动"中才能构成现实的社会关系，这种相互作

> 诸个体相互作用，社会才得以存在。
>
> ——格奥尔格·齐美尔 1858~1918

人与人之间的相互作用（互动）产生了社会。

用或"互动"的方式就是社会形式。

按照齐美尔的观点，如果对一个村落进行考察的话，那么社会学家关注的内容，应当是村长与村民、村民与村民之间的社会交往形式。齐美尔认为，人类交往的原因有很多，但社会交往的形式存在着不同的层次，大致可以分为以下四种类型：

1. 合作、竞争、联合、秘密等基本的社会互动形式
2. 国家、教会、家庭、军事组织等作为体制化结构的形式
3. 社交、体育活动、游戏等自主的游戏形式
4. 科学、艺术、政治、宗教等社会本身的一般形式

社会类型，是齐美尔讨论的另一种重要的社会形式。他不仅将交往过程划分为不同的形式，还将交往所涉及的个人角色行为划分为不同的类型，如穷人、吝啬者、贵族、冒险家、娼妓、陌生人等，将每一种类型都视为社会互动的结果。

齐美尔的形式社会学思想，从方法论和研究对象的角度对社会学作出了有意义的界定，对社会学研究的专业化与制度化起到了积极的推动作用。

齐美尔认为，社会不是像物一样的实际存在，而是一种具有意识的个体之间的互动过程，是人与人之间的"交往"构成了社会；社会学的研究对象应当是社会关系的形式或人类交往的形式。

知识社会学是研究什么的?

卡尔·曼海姆
（1893~1947）

> 德国社会学家，经典社会学与知识社会学的创始人，代表著作有《意识形态与乌托邦》《重建时代的人与社会》《文化社会学论集》等，有关知识社会学的论述是曼海姆著作中最有价值和影响力的部分。曼海姆把社会计划的制订与推进寄希望于知识分子，认为知识分子可以通过信仰启示、道德教化和公众教育把社会计划付诸现实。

在西方社会学理论中，19世纪到20世纪上半叶的社会学家大部分以"社会行动"和"社会结构"为主要的研究内容。然而，在20世纪上半叶的匈牙利，有一位社会学家却把目光转向了知识与意识形态的问题，开始建立知识社会学与意识形态理论，他就是卡尔·曼海姆。

曼海姆出生于匈牙利布达佩斯，父母都是犹太人，家里经济状况较好。在布达佩斯大学获得哲学学位后，曼海姆赴德国柏林大学，师从齐美尔学习哲学与社会学。他生活在一个动荡的时代，法西斯主义的暴行让他目睹了大量残酷而罪恶的现实问题，引发了他的深刻思考。

知识社会学是社会学的一个分支，由于人类的知识和思想受其所属社会的影响极大，**曼海姆将研究知识与社会之间关系的学问，称为知识社会学。**

知识，指的是社会科学知识，而社会科学知识内容的大部分属于意识形态范畴。所以，**对意识形态问题的研究，既是曼海姆知识社会学的展开基础，也是其主要内容。**

为了更好地理解意识形态，曼海姆对意识形态进行了划分：

意识形态
卡尔·曼海姆

个别意识形态
- 从个人兴趣或利益出发的想法，很容易被觉察到是意识形态
  - "音乐剧很好看！"
  - "我支持A组的方案！"

总体意识形态
- 由所属社会决定的想法，很难被觉察到是意识形态，容易被误判为真理
  - 一般意识形态（知识社会学）
    - 一切都是一般意识形态，个人的想法也是意识形态
  - 特殊意识形态（马克思主义）
    - 认为除自己的想法以外的全是意识形态，没有认识到自己的想法也是意识形态

马克思曾经指出，个人所有的知识与思想，也就是世界观，都是由其所属的社会结构所定义的意识形态。曼海姆认为，要建立知识社会学，需要站在相关主义的立场上，对一般意识形态的存在有自觉意识。

> 曼海姆主张，必须先承认自己的主张是意识形态，是受限的知识，只有从有自觉意识的知识和思想中，才能够得出真理。

研究特定领域的社会学怎样命名？

人类的知识和思想会受到所属时代和社会的影响，最为典型的例子就是对宇宙的认识。

自古以来，人类一直对宇宙和星空充满好奇与疑问，前人对地球的运动也提出过不同的设想。大约在2000多年前，一些学者提出了"地心说"，他们认为地球位于宇宙的中心，其他的天体都围绕着地球转动。可是，随着观测记录的增多，许多现象难以用"地心说"解释，尽管有学者增加理论模型解释了一部分现象，但在该理论下的行星运动，仍然显得复杂难解，尤其是天体的"逆行现象"。

文艺复兴时期，随着科技的进步，观察结果增多，支持"日心说"的证据逐渐出现，在这一理论下的行星运动轨迹，变得简洁而清晰。后来，在天文观测与逻辑推理的基础上，哥白尼构建了全新的"日心说"宇宙论，拉开了近现代自然科学的帷幕。

一个时代或社会的知识框架被称为"范式"。在对宇宙的认识上，范式从"地心说"转变成"日心说"，但宇宙本身并没有发生改变。这也证明，科学知识是独立于事实存在的。考察科学与社会之间关系的学科被称为"科学-社会学"。有多少领域就有多少相关领域的社会学，**曼海姆将研究特定领域的社会学称为"连字符社会学"，如医学-社学会、经济-社会学、文化-社会学、**

教育-社学会、犯罪-社会学等。

事实通过研究和实践，可以获得科学的结论；科学是对事实的解释与论证，必须以概念框架为前提，许多科学事实是在一定的概念框架下的解释。需要说明的是，有些"科学"是被社会制造或利用的，并不是事实，如"××民族的基因是最优秀的""女性有母性本能"等。

> 考察科学与社会之间关系的学科被称为"科学-社会学"，有多少领域就有多少相关领域的社会学，研究特定领域的社会学被曼海姆称为"连字符社会学"。

马克思的唯物史观是什么？

卡尔·马克思
（1818~1883）

> 德国思想家、政治学家、社会学家，主要著作有《资本论》《共产党宣言》等。他与恩格斯一起，基于辩证唯物主义发现了人类社会发展规律，创立了马克思主义学说——指引全世界劳动人民为实现社会主义和共产主义理想而奋斗的理论武器和行动指南。

科学是揭示事物存在与变化的因果必然性规律，且能够在实践中检验这些规律是否正确的知识体系。因此，科学的历史观就是揭示社会历史发展与存在的因果必然性规律的历史观。在形形色色的历史观中，马克思的唯物史观最具科学的品格。

恩格斯在马克思墓前的讲话中指出："正像达尔文发现有机界的发展规律，马克思发现了人类历史的发展规律，即历来为繁芜丛杂的意识形态所掩盖着的一个简单事实：人们首先必须吃、喝、住、穿，然后才能从事政治、科学、艺术、宗教等；所以，直接的物质的生活资料的生产，从而一个民族或一个时代的一定的经济发展阶段，便构成基础，人们的国家设施、法的观点、艺术以至宗教观念，就是从这个基础上发展起来的，因而也必须由这个基础来解释，而不是像过去那样做得相反。"

人要生存，必须从事维持生存需要的物质生产实践活动；从事物质生产实践活动，必然会不断提升人们认识与改造自然的能力。随着物质生产能力的提高，以生产关系为基础，体现人类意识的政治制度与文化就产生了，从而促使社会经济形态持续地从低级向高级发展。

马克思认为，社会形态是按照奴隶制、封建制、资本主义、社会主义、共产主义的顺序演进的，而引发人类社会历史运动的原动力不是人类意识之类的精神性事物，而是生产力发展之类的物质性事物。人们所达到的生产力的总和决定着社会状况，生产力的不断提高才是人类社会历史发展的根本原因。这就是唯物史观，也称历史唯物主义。

> 唯物史观认为，生产力决定着生产关系和社会生活的其他方面，是推动社会发展的原动力。

为什么说经济基础决定上层建筑？

我们经常会听到"经济基础决定上层建筑"，这句话是什么意思呢？

唯物史观在解释人类社会的历史发展时，把人类活动划分为相对分离又紧密相关的两个部分：**基于各个时代生产关系的经济结构是构成社会的基础，也称"下层建筑"；社会的政治、法律、道德、哲学、艺术、文化等建构于经济基础之上，称为"上层建筑"。**

> 马克思认为经济结构构成了社会的经济基础。

经济基础与上层建筑的关系，可以从两个角度来理解：

第一，物质生活的生产方式，制约着整个社会生活、政治生活与精神生活的过程。这种"制约"体现在，经济基础决定了上层建筑的性质，比如：在中世纪的封建制度下，"奢侈"是被严格禁止的；而在资本主义制度下，它却被人们所憧憬。

第二，社会的物质生产力发展到一定阶段，原有的上层建筑必然要发生或慢或快的变革，才能适应新的经济结构的要求。

在共同的社会条件下被普遍接受的观念，被称为意识形态。**马克思认为，法律、政治、道德、文化等上层建筑都属于意识形态，人类的意识不是由自己创造的，而是由经济基础决定的。**

根据唯物史观的观点，社会的经济形态决定着社会的性质，不同的社会经济形态反映的是不同社会的经济基础。当经济基础因为生产力的提高而发生变化时，上层建筑也会随之发生变化。

> 物质生活的生产方式，制约着社会生活、政治生活与精神生活的过程；社会的物质生产力发展到一定阶段，原有的上层建筑必然要发生变革，才能适应新的经济结构的要求。

社会系统运作的关键要素是什么？

塔尔科特·帕森斯
（1902~1979）

> 美国哈佛大学社会学者、美国现代社会学奠基人，美国第二次世界大战后统整社会学理论的重要思想家，代表著作有《社会行动的结构》《社会系统》等。帕森斯早期的理论侧重于建构宏大的社会理论，后期从宏观转向微观层面，为社会学的发展做出了重要贡献。他在许多著作中对社会分层、宗教世俗化、科学、教育、家庭、儿童社会化、越轨行为等问题进行了广泛的探讨，其中包含关于现代化问题的诸多论点。

"二战"之后，美国社会不断发展，在许多层面都涌现出了矛盾和问题。面对这样的现实，对经济与社会学有着浓厚兴趣的塔尔科特·帕森斯，一方面汲取了孔德、斯宾塞、涂尔干等实证社会学家的社会团结、结构、功能等思想，另一方面也吸收了德国社会学家韦伯、齐美尔对个人意愿的看法，开创出了独特的社会行动结构论，为社会学带来了一个宏大的理论系统。

帕森斯认为，从整体的社会系统，到微观的组织、群体和家庭，为了存续

和发展，都需要实现四种基本功能需求：适应（Adaptation）、达标（Go-attainment）、整合（Integration）和潜在模式维持（Latency pattern maintenance）。这四者构成AGIL图式。

- A（Adaptation）适应

　　系统必须获取资源、应对变化、适应环境，以确保生存和发展。

- G（Go-attainment）达标

　　系统需要制定和实现共享的目标，调动相应的资源来促成系统目标。

- I（Integration）整合

　　系统需要内部的协调与配合，以确保内部成员之间的和谐关系。

- L（Latency pattern maintenance）潜在模式维持

　　系统需要维持一种稳定的模式和秩序，以保持其持续的运行和存在。

　　社会系统作为行动系统的一个子系统，在行动系统中发挥着整合功能；而社会系统的存在，也要依赖于其内部各组成部分的整合，即社会系统的各个组成部分，也要满足AGIL功能条件。

　　经济制度→适应功能：通过经济活动把自然资源转化为产品，满足成员的各种需求。

政治制度→达标功能：通过权力与权威的作用，组织人力与物力来展开实现目标的行动。

法律制度→整合功能：通过威慑与调节，使社会成员与组织维持某种程度的团结与合作。

家庭、教育与宗教制度→潜在模式维持功能：通过保存、传递文化，维持基本的价值规范，使社会不受到成员更替的影响。

帕森斯的理论开创了社会系统理论的先河，将功能主义引入社会学，同时融合了马克思、涂尔干等人提出的理论，建构起了抽象的结构功能主义理论，成为20世纪著名的社会学范式。不过，帕森斯的结构功能主义也饱受争议。功能主义认为社会具有稳定不变的结构，缺少对社会变迁的关注，且过于强调社会结构对个人的制约作用，忽略了人的主观能动性。

> 帕森斯建构了抽象的结构功能主义理论，提出所有系统的存在都需要实现四种基本功能需求，即适应、达标、整合和潜在模式维持，称为AGIL图示。

人的行动和社会结构有何关系?

安东尼·吉登斯
（1938~）

> 英国社会学家，先后出版学术著作近40部，为当代社会学领域做出了巨大的贡献。他在社会学领域的学术成就体现在以下几个方面：对马克思、涂尔干、韦伯等经典社会学家思想的反思；对以结构主义、功能主义和解释社会学等为代表的现代社会学研究方法的反思；对社会学研究方法的重建，提出著名的'结构化理论'；对现代性理论范式的提出和现代性发展的反思；他与布莱尔提倡的'第三条路'也影响了英国和其他国家的政策。

20世纪30年代，帕森斯融合欧洲社会学的实证主义传统与人本主义传统，建立了结构功能主义，实现了社会学理论上第一次大规模的理论融合。到了20世纪80年代，安东尼·吉登斯开展了比帕森斯视野更加广阔的又一次社会学理论融合，建立了内容丰富的结构化理论。

帕森斯关注社会系统的整体功能与相互依赖，认为社会是一个稳定的系统，通过各子系统的协调与功能来维持社会秩序。吉登斯也认识到社会结构的重要性，但他更强调社会结构与个体实践之间的相互作用。

结构，是指社会中存在的模式、规则和资源分配方式，包括社会制度、社会规范、社会关系以及社会组织等方面的元素，是社会秩序的基础，对个体行动提供框架与指导。实践，是指个体基于自身理解和目标，通过行动来改变和塑造社会结构。

吉登斯认为，个体的实践受到社会结构的制约和影响，但个体也可以通过实践来改变社会结构，形成一种动态的互动关系。 社会对于男性和女性在家庭、职场中的角色、期望和责任存在差别，这是性别结构的一部分。但是，个体也可以通过实践来改变性别结构，比如：女性通过抗议、宣传等方式，开展争取平等权利的女权运动，旨在改变性别结构中的不平等现象。

吉登斯的结构化理论，提供了一种综合性的框架，用于理解社会结构和个体实践之间的相互作用，并揭示了社会变迁的机制；它对于研究社会问题、解释社会行为和推动社会变革，都具有重要的意义。

> 个体的实践受到社会结构的制约和影响，但个体也可以通过实践来改变社会结构，两者之间是一种动态的互动关系。

CHAPTER 02

一

我们是
生而为"人"
的吗?

SOCIOLOGY AND LIFE

狼孩是真正意义上的"人"吗？

面对生活和工作的压力，不少人会幻想进入一个与世隔绝的世界，享受像陶渊明在《桃花源记》里描述的那种怡然自得的美好。那么，这个世界上有没有与世隔绝的人呢？生活在这样的处境之中，会发生什么呢？

社会学中有一个专有名词叫"塔斯马尼亚岛效应"，是指在没有外部知识灌输的情况下，某一局部区域的文明不仅会停滞不前，还会出现倒退的现象。

17世纪中叶，欧洲的冒险家们乘坐轮船第一次踏上了塔斯马尼亚岛。在这座与世隔绝的孤岛上，他们看到了宛若原始人一样的塔斯马尼亚土著。

塔斯马尼亚人的身上披着整块动物皮毛——没有任何缝制过的痕迹，他们除了会使用石头、木棒等简单的工具以外，连制作一把原始斧头的能力都没有。对此，冒险家们感到极为震惊，毕竟连已经灭绝的尼安德特人都能熟练地制作狩猎工具，可生活在17世纪的塔斯马尼亚人却完全没有制造工具的概念，他们的文明几乎退化到了史前时代，经常跟岛上的动物抢食。

塔斯马尼亚人犹如一面镜子，让我们窥见了一个真相：世外并不是桃源，而是人类文明的灾难。由此，我们再延伸思考，如果一个人从出生开始就与世隔绝，又会怎样呢？

　　1920年，印度传教士辛格在印度加尔各答的丛林里发现了两个被狼哺育的女孩，大的女孩约8岁，小的女孩约1岁半，辛格分别为她们起了名字——"卡玛拉"和"阿玛拉"。

　　当两个女孩被带进孤儿院时，她们的一切生活习惯都和野兽一样。

　　她们不会用双脚站立，完全靠四肢爬行；不穿衣服，不肯洗澡，随地大小便；她们白天经常睡觉，害怕见光，在日光下会把眼睛眯成缝，且不停地眨眼；夜晚表现得比较兴奋，每到夜里10点、1点和3点，都会发出非人非兽的叫声。

　　她们不懂语言，也发不出人类的音节，经常蜷伏在一起，不愿靠近他人；她们不会用手拿东西，吃东西时狼吞虎咽，喝水用舌头舔；若进食时有人靠近，她们就会发出"恐吓"的呜呜声。

　　辛格夫妇耐心地照料和教育她们，小女孩阿玛拉"学习"的速度比大女孩卡玛拉快一些，进入孤儿院两个月后，她能在感觉口渴时说出孟加拉语的"水"，且较早对其他孩子的活动表现出兴趣。遗憾的是，进入孤儿院不到一年，阿玛拉就去世了。

　　大女孩卡玛拉，进入孤儿院16个多月，才学会用膝盖走路；2年零8个月，才会双脚站立；5年多才学会走路，但在跑起来时仍然会退回到四肢爬行的状态。她用了2年零1个月的时间，才学会说第一个词语"ma"；4年的时间，只学会了6个字；7年后，也只学会了45个字，勉强地说出用3个字组成的句子。卡玛拉活到了17岁，直至离世，她也没有真正地学会说话，智力只相当于三四岁的孩子。

　　卡玛拉和阿玛拉是人类繁衍的后代，但她们长期脱离人类社会环境，没有经过"社会化",没有发展出大脑的功能,也不具备人的意识和抽象思维,故而只能算作是在生理特征上具有人类特征的生物,而不是具有社会学意义的人。

社会化,是指由生物人(自然人)到社会人的转变过程。

20世纪50年代的社会化研究是狭义的社会化,主要以儿童为研究对象,研究从"生物人"到"社会人"的转变过程。

20世纪50年代以后,在美国社会学家帕森斯研究的推动下,广义的社会化研究开始形成,它不仅仅指"生物人"向"社会人"的转变过程,还指社会标准内化、学习如何扮演社会角色、逐渐适应生活的过程;它不仅仅是儿童时期才会遇到的问题,而是贯穿人生始终的长期过程。

科学研究表明,人刚刚出生时不具备任何的社会本能,所有的生存技能与科学知识都是在社会生活过程中通过学习慢慢积累起来的。社会化的基本内容包括四个方面:

其一,促进个性形成、培养自我观念。

其二,教导基本生活技能。

其三,教导社会规范。

其四,培养社会角色。

每个人都必须经过社会化,在与社会的互动过程中,逐渐养成独特的人格与个性,通过社会知识内化和角色知识的学习,才能够适应社会、参与社会生活,并在社会环境中生存。

CHAPTER 02
我们是生而为"人"的吗?

社会化

内容：是指由自然人到社会人的转变过程，每个人必须经过社会化才能使外在于自己的社会行为规范、准则内化为自己的行为标准。

基本内容

其一：促进个性形成、培养自我观念。

其二：教导基本生活技能。

其三：教导社会规范。

其四：培养社会角色。

画重点

社会化是人类社会运行的前提，也是人类文化不断延续和发展的条件。

每个人都是他人的一面镜子

查尔斯·霍顿·库利
（1864~1929）

> 美国社会学家、社会心理学家，美国传播学研究的鼻祖。库利理论研究的重点是探讨个人如何社会化，相关代表著作有《人类本性与社会秩序》《社会组织》和《社会过程》。库利提出了著名的'镜中我'理论，认为一个人的自我观念是在与其他人的交往中形成的，他人对自己的评价、态度等是反映自我的一面'镜子'。

如果不照镜子的话，我们能看到自己的外表吗？显然不能。同样，想要了解自己的社会形象，即"我是一个什么样的人"，也需要一面"镜子"来反映。那么，这面"镜子"是什么呢？

美国社会学家查尔斯·霍顿·库利提出了一个重要的社会心理学概念——"镜中我"。他说："**每个人都是另一个人的一面镜子，反映着另一个过路者**"，即自我观念是通过与他人的社会互动形成的。换言之，我们是在与他人的互动中认识自我的。

库利在《人类本性与社会秩序》一书的第五章"社会自我——

'我'的意义"中提到：

"我"的概念，不是独立于普遍生活之外的某种东西，把"我"和社会分开是一种谬误。自我观念看起来是主观的，其实是要依赖于客观、依赖于社会，因为人在出生时并没有自我，自我是通过与他人的相互作用形成的。

库利认为，自我认识的形成有三个阶段：
1. 想象自己在他人眼中的形象
2. 想象他人如何评价自己的形象
3. 对他人这些认识或评价的感觉

艾米丽是一位研发专员，一直渴望在专业领域做出成就。

前几天，她参加了公司的重要会议，并做了一场精彩的演讲。会议结束后，艾米丽得到了老板和同事的称赞与鼓励，大家对她的表现给予了高度的认可。这些积极的反馈让她感到自豪和满足，她开始相信自己是一个有能力的职业女性。

时隔两天，艾米丽收到了一封匿名的电子邮件，里面充斥着贬低她的言辞和充满攻击性的评价，对她的形象和能力进行了严厉的批评，质疑她的资历与能力。这些负面的反馈像一盆冷水，浇熄了艾米丽内心刚刚才燃起的一点自信，让她产生了自我怀疑，情绪跌入谷底。

每个人都通过观察他人的反馈和评价构建自己的身份与认同感，这种社会反馈对于个体的自我形象塑造、情绪状态和行为表现有很大的影响。艾米丽的经历和感受想必你也曾体验过，他人对我们的评价和认知，会让我们产生某种感情，并主导对自己的"认知"。

> 个人与社会具有相互渗透的关系，将二者分开考虑是不可行的。
>
> ——查尔斯·霍顿·库利
> 1864~1929

- 想象自己在他人眼中的形象
- "镜中我"
- 想象他人如何评价自己的形象
- 对他人这些认识或评价的感觉

"镜中我"是个体自我意象中不可或缺的一部分，而自我意象又影响着个体的真实自我。不过，**当我们过于相信"镜中我"时，往往也会出现一些自我概念的判断失误，不自觉地把"我是什么样的人"交给他人去定义。**

上述的情况在生活中很普遍，最常见的表现有三种：

（1）过分在意别人的看法，很容易因为他人的评价而怀疑自我、否定自我。

（2）为了让他人满意形成讨好型人格，忽略自我的真实感受。

（3）做人做事总想让所有人都满意，故而左右摇摆，无法确定方向和目标。

面对"镜中我"效应，想避免自我概念的判断失误，有两点须谨记：

其一，反思自我时，要像照镜子一样，各个角度都照一照，看到多面的自己，获得对自己客观的、全面的认知；其二，不要只依赖一面镜子，也就是说，不能只凭借某个人或少数几个人对自己的看法和态度，就对自己妄下结论。毕竟，他人的看法和评价不能完全代表事实，里面掺杂着许多个人的观点和喜好。

> "镜中我"理论认为，人的自我观念是在与他人的交往中形成的，人对自己的认识是他人对自己看法的反映。简而言之，我们是在与他人的互动中认识自我的。

社会学与生活

别小看孩子玩的"过家家"游戏

乔治·赫伯特·米德
（1863~1931）

> 美国社会学家、社会心理学家、哲学家，符号互动论的奠基人。他认为，人与动物的重要区别在于，人类可以通过语言、文字、手势、表情等象征符号进行互动，这是社会生活的基础；而且，人有'自我感'，自我的存在以心灵为基础，人们通过社会的经验过程，在个体的互动中产生、发展心灵，而后形成自我。借由自我的概念，米德把心灵与社会连接起来，完成了其人际关系传播思想的统一。

回想儿时玩过的游戏，有些朋友可能对"过家家"印象深刻：几个小伙伴凑在一起，有人扮演"爸爸"，有人扮演"妈妈"，还有人扮演"孩子"；偶尔，还会更换场景，有人扮演"医生"，有人扮演"病人"……为什么不同文化背景之下的孩子都热衷于玩"过家家"的游戏呢？这个游戏的背后蕴含着哪些社会学意义呢？

美国社会学家乔治·赫伯特·米德将"角色"一词引入社会学领域，后来逐渐形成角色扮演理论。角色扮演理论认为：**个体通过扮演他人的角色，来获得运用和解释有意义的姿态的能力，从而了解社会上的各种行为习惯与规范，**

最终实现自我的社会化。

角色扮演需要一种可以洞悉他人态度与行为意象的能力，包括理解常规姿态的能力、运用这一姿态扮演他人角色的能力，以及想象演习各种行动方案的能力。这种能力不是与生俱来的，而是在社会过程之中，在社会互动的经验母体之中产生和发展的，米德将其称为"心灵"。

"过家家"不只是一个简单的游戏，它是个体人格发展过程中自我意识的萌芽。

米德将自我分解成相互影响、相互作用的两个部分，即"主我"与"客我"。"主我"是指个人的主体意识、自我认知，是先发展起来的；"客我"是从周围观察到的他人对自己的态度、评价和角色的期待，属于自我的社会部分，是在社会互动过程中形成和发展起来的。完整的自我既是"主我"也是"客我"，个人的自我意识是在两者的不断互动中产生的。

"自我"是"社会潮流中的小旋涡"。

人的主体性存在于"主我"中。

自我中除了"客我"还有"主我"。

乔治·赫伯特·米德
（1863-1931）

心理学家做过一个有意思的实验：他们邀请了一些不太懂礼貌的孩子，参加一次"特别"的晚餐。在晚餐中，这些孩子竟然一反常态。由于受到了安静、高雅的环境氛围的熏染，他们意识到自己是有教养的"客人"角色，并按照这种社会角色来约束自己，很快就变得有礼貌了。

这个实验说明，如果能赋予孩子适当的角色，当他对这个角色有了一定的理解时，他就会按照角色的规范来要求自己，在个性心理或行为上发生一些变化。所以，在教育孩子的过程中，不妨有针对性地为孩子安排一定的角色，让孩子扮演，从而让他学会某些知识或规范。

> "过家家"不只是简单的游戏，孩子通过扮演他人的角色，可以获得运用和解释有意义的姿态的能力，了解社会上的各种行为规范与习惯，最终实现自我的社会化。

人会原封不动地接受他人的期待吗？

赫伯特·乔治·布鲁默
（1900~1987）

> 美国社会学家，符号互动论的主要倡导者与定名者，代表著作有《符号互动论：观点和方法》《工业化与传统秩序》等。他认为，人类社会是由具有自我的个人组成的，人类创造并使用符号来表示周围的世界，符号互动创造、维持和改变社会结构。

米德的"主我与客我"理论，得到了他的学生——美国社会学家、传播学者赫伯特·乔治·布鲁默的继承和发展，1969年他在《符号互动论：观点和方法》中提出了人能够与自身进行互动的观点，即自我互动论。

自我互动论认为，人是拥有自我的社会存在，人在将外界事物与他人作为认知对象的同时，也把自身作为认知的对象。在此过程中，人可以认识自己，拥有自己的观念，与自己进行沟通或传播，并能够对自己采取行动。**自我互动，从本质上来说，是个体与他人的社会互动的内在化，也就是与他人的社会关系或社会联系在个体头脑中的反映。**

不过，这种反映并不是简单的重现。布鲁默指出，**人在面对他人的期待和评价时，并不是原原本本地接受，而是会思考这些期待和评价对自己而言有什么意义。然后，人会沿着自己的立场或行为方向，对他人的期待和评价进行**

能动的解读、筛选、修正和加工，在此基础上重新进行组合。经过这个过程之后，原来的自我就会发生改变，形成新的意志和行为主体。

> 人是拥有自我的社会存在，可以认识外物与他人，也可以认识自己。这种自我互动是指，在面对他人的期待与评价时，人不会原封不动地接受，而是会思考这些期待和评价对自己有何意义。

人生的每一阶段都有特定的发展任务

爱利克·埃里克森
（1902~1994）

> 美国精神病学家、发展心理学家和精神分析学家，提出了人格的社会心理发展理论，代表著作有《童年与社会》。他将个体的心理发展划分为八个阶段，指出每一阶段都会经历不同的社会心理危机，这些经历会对一个人产生积极或消极的影响。埃里克森的理论框架，强调了个体在不同阶段面临的发展任务和心理需求，对发展心理学领域产生了重要影响。

埃里克森认为，每个健康的个体从出生到死亡都会经历八个社会心理发展阶段，每个阶段都会经历不同的社会心理危机，这些经历会对一个人产生积极或消极的影响。

在埃里克森看来，人的自我意识发展是持续一生的，他把人的心理发展过程划分为八个阶段，指出每一个阶段都有其特定的社会心理任务，以及一种社会心理危机。

所谓社会心理危机，可以理解为个体与环境的一种不协调状态，即个体的成长需要与环境限制的冲突。如果冲突顺利解决，自我的心理力量和环境适应能力就会得到发展，这是解决其他后续问题的关键力量。如果某一阶段的冲突未能解决，则会导致不健康的个性和自我意识。

阶段	年龄	社会心理危机	冲突解决	冲突未解决
第一阶段	0~1.5岁（婴儿期）	信任vs不信任	信任感、安全感	猜疑、焦虑
第二阶段	1.5~3岁（幼儿期）	自主vs羞耻	自主性、自信心	恐惧、羞耻
第三阶段	3~6岁（学龄前期）	主动vs内疚	创造力、想象力	内疚、罪恶
第四阶段	6~12岁（学龄期）	勤奋vs自卑	优越感、成就感	自卑、怠惰
第五阶段	12~18岁（青春期）	身份vs角色	身份认同	角色混乱
第六阶段	18~40岁（青年期）	亲密vs孤独	亲密、幸福	孤立、孤独
第七阶段	40~65岁（成年期）	成就vs停滞	奉献、价值	停滞、脱节
第八阶段	65岁及以上（老年期）	完整vs绝望	满足、宁静	遗憾、绝望

- **第一阶段：信任vs不信任**

人生的最初阶段，婴儿通过与照顾者（通常是母亲）的互动，形成对世界的基本看法。如果这一阶段的基本需求能够及时得到满足，获得很好的照料，婴儿就会形成基本的信任感，认为世界是安全、可预测和满足自己需求的地方。反之，则会产生猜疑与焦虑，认为世界是不安全的。

- **第二阶段：自主vs羞耻**

　　这一阶段的孩子，重点发展对身体的控制感和独立性。在此过程中，如果他得到了足够的支持与鼓励，会对自己在这个世界上的生存能力充满信心与安全感。反之，则会为自己的能力感到怀疑和羞耻，过度依赖他人。

- **第三阶段：主动vs内疚**

　　这个阶段的孩子，主要通过竞争和社交活动来认可自己，发展出主动意识，是社交能力发展的重要时期。他们显得很喧闹，表现出超常的求知欲，经常提出各种各样的问题，如果这种倾向被控制、被批评，会压制孩子的发展，让他们产生内疚感与罪恶感，影响自我价值观与自我效能。

- **第四阶段：勤奋vs自卑**

　　这一阶段的孩子开始在学校和其他社会环境中学习新的技能，并与更大的社交群体互动。如果他们在学习新技能、处理社交关系方面得到了鼓励和支持，便会认为自己是有能力、有价值的，发展出一种健康的成就感与优越感。反之，则会发展出一种自我怠惰和自卑感，怀疑自身价值与能力，逃避挑战，对学习和社交活动丧失兴趣。

- **第五阶段：身份vs角色**

　　青春期是童年到成年的过渡阶段，这一阶段的孩子会通过对个人价值观、信仰和目标的探索，寻求自我意识和个人身份认同。如果发展顺利，就有可能形成一个稳定、独特和满足自己的身份，对自己有一个清晰的认识，知道自己是谁、想成为什么样的人，对未来有明确的目标。如果在探索身份的过程中遇到了困难，会导致角色混淆，不知道自己在社会中的位置。

- **第六阶段：亲密vs孤独**

这一阶段，人们开始在亲密关系中分享自己，探索与原生家庭之外的人建立长期、稳定、有承诺的关系。如果发展顺利，便可以与他人共享生活，建立深厚的友情和爱情，感受到自信与幸福。反之，则会感到孤独，无法与他人建立亲密关系，或是无法处理亲密关系中的冲突与问题。

- **第七阶段：成就vs停滞**

成年期的人们需要培养比自己生命更持久的事物，如果在这一阶段成功地培育了下一代，或是做出了有意义的贡献，会感觉生活充满价值和意义。反之，则会感到停滞，对生活感到不满。

- **第八阶段：完整vs绝望**

步入晚年后，人们会放慢脚步并回顾过往的生活，如果可以接受自己的生活经历，接受所有的成功与失败，会产生一种满足感和完整感，毫无畏惧地接受死亡的到来。如果无法接受自己的过去，或是对生命结束感到不安和恐惧，就会发展出一种绝望感。当今社会，老年抑郁症是一种常见的心理问题，老年人的自杀率不容小觑。

埃里克森的人格终生发展论，为不同年龄段的教育提供了理论依据和思路。这八个阶段是相互关联和依赖的，每个阶段都是前一阶段的延续和基础，同时也为下一个阶段的发展提供了条件。同时，埃里克森也指出，个体在某个阶段的发展任务可能在后续阶段出现问题，但也可以通过后续阶段的发展来修正和弥补。

> 埃里克森的人格发展八阶段理论认为，人生的每一个阶段都有特定的社会心理任务要完成，且每一个阶段都有一个特殊矛盾，矛盾的顺利解决是人格健康发展的前提。如果某个阶段的任务未能完成，就会影响个体的进一步发展。

我们可以改变自己的社会地位吗？

从事销售工作的C君，起初并不愿意做这份工作，提及原因他面带怯意地说："这工作很辛苦，给人感觉社会地位也比较低，可我当时没有工作经验，也没有家庭背景，为了维持生活，我只能选择入职……"现在，C君从事这份工作已经有7年了，也从一个普通的销售员晋升为销售主管。此时的他，无论是对这份工作，还是对社会地位的看法，都有了更加深刻的认识。

我们经常会听到"社会地位"这个词语，多数人能够理解它所代表的含义，但要做一番详尽的解释，恐怕只有极少数人能做到。那么，社会地位到底是什么意思呢？

社会地位，是指某一群体或社会中某一确定的社会位置，这一位置赋予成员特定的权利和义务。人们获得社会地位主要通过两种方式，即先赋地位与自致地位。

- **先赋地位**

一个人通过承袭得到其在社会分层体系中所处的位置，或者说从出生起就会被赋予的、无法改变的位置，如种族、国别、民族、年龄、性别和家庭背景等。

CHAPTER 02
我们是生而为"人"的吗?

● 自致地位

一个人在生命历程中依靠个人努力获得的社会地位。现代社会中的多数职业是自致地位,如职务、职称、学衔等都是通过后天的活动与努力获得的。

先赋地位,对应的是先赋角色,即建立在血缘、遗传等因素基础上的社会角色;自致地位,对应的是自致角色,即通过努力追求获得的。两者相互依存,自致角色在一定条件下可以转换成先赋角色,在现有的先赋角色下通过努力也可以上升到一个更高的自致角色。

画重点

个体无法通过自身的努力改变先赋地位,但自致地位可以通过个人的德行努力获得。

每个人都要扮演不同的社会角色

生活就像一个随时变换场景的舞台，每个人都是演员，身兼多种角色。就像莎士比亚在《皆大欢喜》中所说："整个世界是一个大舞台，所有的男男女女都是一些表演者。他们有时上台有时下台，每个人在一生中扮演着不同的角色。"

社会角色，是指与人们的某种社会地位、身份相一致的权利、义务的规范与行为模式，是人们对特定身份的人的行为期望，是构成社会群体或组织的基础。

任何一个人都不可能仅仅承担某一个社会角色，而是集多种社会角色于一身。这些社会角色各有差异，却都属于一个整体，相互影响、相互促进、协同增效，每一个角色对其他角色都有影响，各个角色之间不是你输我赢的对立模式，而是相互依赖的供应模式。很多时候，一个社会角色饰演不好，往往也会影响到其他角色。

林莎有很强的事业心，最近又晋升为公司的行政主管，每天都处在忙碌的状态中，对家庭的关注很少。然而，忙碌与效能从来不是对等的关系。她尚未完成角色上的转型，仍然习惯把所有事务性工作都压在自己身上，忽略了授权的重要性。

忙忙碌碌却没有业绩，林莎备感焦虑，这种情绪上的压抑，被林莎无形中带回了家，影响到她在家庭中的角色——妻子。幸好，林莎目前还没有孩子，否则的话，她极有可能会成为一个没有耐心、急躁而又时常自责的母亲。

当一个人扮演一个角色或同时扮演几个不同的角色时，由于难以胜任或协调，造成不合时宜而发生的矛盾冲突等现象，被称为角色冲突。角色冲突分为两种，角色间冲突与角色内冲突。

角色间冲突，是指一个人所承担的不同角色之间发生的冲突。角色间冲突主要表现为两种情形，一是时间空间上的冲突，二是行为模式内容上的冲突。

作为行政主管，林莎肩负着管理的责任；作为妻子，林莎有与爱人共同照顾家庭的责任；作为女儿和儿媳，林莎也有孝敬长辈的义务。当她把更多的精力投注在"行政主管"这一社会角色中时，就很难腾出时间和空间去关注家庭，饰演好妻子、子女或母亲的社会角色。

此外，林莎从普通员工晋升为行政主管，职场角色发生了改变，但她并未完全适应管理者的角色，在行为模式上仍旧延续着"优秀员工"的风格，致使新旧角色产生了冲突。

角色内冲突，是角色伙伴——两个或两个以上对同一角色抱有相矛盾的角色期望所引起的冲突，最典型的就是"忠孝难两全"。

当一个人能够成功扮演不同社会角色时，既满足了社会的期望，也满足了个人的需求，可以较好地维持心理平衡。反之，总是陷入角色冲突中，就会导致角色超负荷。

研究证实，体验到角色超负荷的人会心跳加速，胆固醇增高。美国社会学家米德将这种现象称为"角色紧张"，角色紧张对社会及个体的身心健康都会造成负面影响。

社会学与生活

要消除角色冲突带来的不良影响,需要加强个体扮演不同社会角色的协调能力。如果某些角色冲突难以协调,就要明智地从过多的角色中解脱出来,找到合适的平衡点,根据当下的处境权衡轻重缓急,做出阶段性的取舍,实现一种动态的平衡。

> 人的社会自我的发展是通过角色采择而达成的,一个人可以同时扮演多个角色,并能够保持各角色间的和谐统一,但有时也会发生角色冲突。长期陷入角色冲突之中,会影响个体的身心健康,面对这样的情况,需要个体做出调整和取舍,找到适合自身的平衡点。

你渴望成为"什么样"的人?

青少年时期,许多人都有过"追星"的经历,比如:收集音乐偶像的明信片、购买娱乐周刊、关注时尚艺人的生活方式等。当互联网盛行之后,"追星"的方式也从购买卡带、明信片转变到关注社交媒体账号,模仿时尚博主的审美穿搭,参考意见领袖的生活理念,唯恐被时代的潮流落下,故而紧紧追随这些群体的步伐。

当然了,偶像不仅限于演艺群体,任何一个领域的成就者,都有可能成为我们心目中的榜样,发挥一种指引和领航的作用。这种被视为理想或榜样的人群,在社会学中被称为参照群体。

参照群体,是指个体在评价自己的态度、行为和价值观时所依据的一个群体。

参照群体可以包括各种不同的群体,如家庭、同学、朋友、职业圈子、媒体等。个体会试图与他们认为重要的、值得尊重和学习的群体保持一致,这种一致性可以增强个体的社会认同感与归属感。另外,参照群体的观点、态度和行为规范也会对个体产生压力和影响,促使个体在某种程度上与群体保持一致。

参照群体对于一个人的社会化和身份建构发挥着重要的作用,个体会将参照群体作为一种标准,用来评价自己的行为是否符合群体的期望和规范。

社会学与生活

身为"边缘人"是怎样一种体验?

罗伯特・E. 帕克
（1864~1944）

> 美国社会学家,芝加哥学派的主要代表人物之一,也被认为是大众传播的第一个大学研究者。帕克认为,社会学是一种研究人类行为的自然科学,他开创了四个重要论题的学术研究:大众传播、种族关系、人类生态学与集体行为,提出了'社会距离''陌生人'和'边缘人'的概念,开创了城市社会学的先河。

美国社会学家罗伯特・E. 帕克是芝加哥学派的主要代表人物之一,也是一个大器晚成的人。他39岁时获得博士学位,50岁时开始社会学教学,59岁时才获得第一次教授任命。在社会学领域中,"边缘人"是帕克提出的一个重要概念。

边缘人,是指在两个或多个文化、社会或群体之间生活的个体。边缘人通常处于文化、社会或群体的边缘地带,既不完全属于其中一个群体,也不完全属于另一个群体。

1928年,帕克在《人类迁徙行为及边缘人》一文中,正式提出"边

"边缘人"

现代社会,迁徙大大减少,但流动性却大大增加了。

帕克将游走在多个社会的缝隙间且不完全属于任何社会的人称为"边缘人"。

缘人"理论,并对"边缘人"的特征进行了总结:"边缘人是命运注定要生活在两个社会和两种文化中的人,两种文化不仅是不同的,而且是对立的;他的思想是两种不同文化或难以熔化的文化的熔炉,在这个熔炉里,两种文化或者全部融合,或者部分地熔化在一起。"

边缘人的存在源于现代社会的多元性和不断变化的特征。他们可能是移民、流动人口、跨国工作者、少数族裔或文化背景不同的人,在不同的文化环境中生活、工作和社交,经历着多个社会和文化身份的交织和冲突。

帕克认为,边缘人在文化传统、价值观和行为规范之间的交叉点上,具有一种独特的视角和体验,可以看到和理解不同文化、社会和群体之间的联系和冲突,能够促进不同文化之间的相互了解和融合。与此同时,由于边缘人不完全符合特定文化或社会群体的期望和标准,他们可能会面临被排斥、被孤立或被视为"外来者"的风险,影响他们的自我认同、社会互动与心理健康。

> 边缘人是文化杂糅的产物,生活在两个或多个不同文化、社会或群体的边缘,却不能完全融入其中。生活在这种环境中,边缘人很容易产生心理问题,影响自我认同与社会交往。

CHAPTER 02
我们是生而为"人"的吗？

人们使用身体的方式不是天生的

马塞尔·莫斯
（1872~1950）

" 法国人类学家、社会学家、民族学家，是社会学家涂尔干的学术继承人，代表著作有《礼物——古式社会中交换的形式与理由》《论技术、技艺与文明》等。莫斯以礼物及其交换为切入点来理解社会，思考人与物之间的联系，以及如何通过物与他人建立连接，对人类学的交换、巫术、身体等研究领域做出了开创性的贡献。"

提到"技术"时，你可能会联想到"工具"。然而，法国社会学家、人类学家马塞尔·莫斯，却把"技术"和"身体"联系在一起，提出了"身体技术"的概念。

莫斯认为："身体是人第一个，也是最自然的工具，或者不要说成是工具，是人第一个，也是最自然的技术对象，同时也是技术手段。"

如何理解"身体技术"的概念呢？莫斯举了一个通俗易懂的例子：

一位年轻土著妇女督促女儿注意走路的步态，要求她在走路时松散地扭动胯部。在我们看来，这种步态看起来并不是那么雅观，可是对于某些民族来说，却是一种值得欣赏的美好仪态。每当女儿忽视了这种走路步态时，母亲都会提醒她。

这样的情形在生活中并不少见，只是我们鲜少关注而已。比如，"一战"时期法国人的行军和跑步姿态与英国人截然不同；在法国修道院长大的女孩子，从小就被训练走路要握拳。莫斯想要传达的意思是，某种具体身体技术的形成与社会学、生理学、心理学密切相关，不同的社会、习俗、教育、礼仪、声望等都会影响身体技术的呈现方式。

身体技术不是与生俱来的，是技术教育的产物，通过个体接受的全部教育、所属的社会、所占据的位置等要素聚集而成。

莫斯将身体技术根据性别、年龄、效率以及传承形式划分为四类，以个人年龄的增长及生命历程对身体技术做了传记式列举：

1. 生育和分娩时的技术

2. 孩童时期的技术

3. 青少年时期的技术

4. 成人时期的技术

身体技术的形成，基本都源于社会、文化、环境中的典范与命令，与特定的社会文化情境相适应，是个体参与社会生活的前提。莫斯还指出，在青春期所习得的有关身体的决定性技术将会一直贯穿人们的整个成人生活，也就是说，群体间"身体技术"的某种约定（也可以理解为技术教育的产物）影响了今后"身体技术"的行为表现。身体技术受技术教育的支配与限制。

> **画重点**
>
> 身体技术是社会性的，是后天的社会文化塑造、传承的结果，身体技术的获得也是一种个体的社会化过程。

CHAPTER 02
我们是生而为"人"的吗?

为什么每个人的习惯都不一样?

皮埃尔·布尔迪厄
（1930~2002）

> 法国当代最具国际性影响力的思想大师之一，在社会学领域的代表著作有《实践理论大纲》《实践感》，他还创办了《社会科学的研究行为》杂志。布尔迪厄认为必须倡导一门反思性的社会科学，克服主体与客体、文化与社会、结构与行为等普遍存在的理论对立面。他提出的'惯习''场域''象征暴力'等理论，具有重要的社会学意义。

蔷薇成长在一个重视节约和省钱的家庭，从小到大经常被教育"买东西要先看价格""寻找打折的商品""买奢侈品是浪费"。蔷薇长大后，有了一份收入不错的工作，经济状况并不拮据，但她仍然无法坦然购入自己真心喜欢的东西，总是忍不住对比价格，选择较为便宜的；偶尔给自己多添置了一些东西，还会萌生负罪感，觉得自己浪费了钱。

舒航成长在一个重视教育的家庭，父亲是大学教授，经常鼓励她多读书，要培养终身学习的习惯。时至今日，书依然是舒航生活中不可或缺的伙伴。研究生毕业后，舒航又去了德国深造，她希望自己可以一直保持求知欲。在日常生活中，她也是一个擅长学习的人，热衷于美食和旅行，在满足味蕾和心灵的同时，去了解和体验不同的文化。

看完上述的两个案例，你一定会感受到，家庭环境和家庭教育对一个人的影响有多么深刻。正因为此，越来越多的人开始探索原生家庭的羁绊、学习儿童教育的理论。

现在，我们跳出心理学的视角，看看社会学家是如何解析这个问题的。

法国社会学家皮埃尔·布尔迪厄是享誉世界的社会学大师，其最著名、最重要的贡献之一就是提出了"场域—惯习"理论。这一理论认为，个体的行为与思维方式不仅仅是个体选择的结果，更是社会背景和文化环境塑造的产物。

如何理解微观的个体行动与宏观的社会结构之间的关系，是社会学领域备受关注的一个话题。布尔迪厄的"场域—惯习"理论认为：各种不同的"社会小世界"就是各种"社会小场域"，它们相互独立，在其场域内部有各自行动的规范和制度，各种社会小场域相互联系构成了社会这个"大场域"。

"场域"与"惯习"之间是一种对应的关系，即特定的场域产生特定的惯习，场域塑造着惯习，惯习又成了某一场域固有的必然属性体现在个体身上的产物；特定的惯习形成特定的场域，惯习将场域构建成一个富有意义和价值的世界。

惯习通过反复的实践和经验的积累形成，潜移默化地影响着个体的日常决策与行为，使其不自觉地按照既定的模式行动，多数情况下是无意识的。

了解"场域—惯习"理论，对于个体行为和社会结构的互动关系有重要意义。结合上述的两个案例以及生活中的经历，我们不难发现，自身的很多习惯都是在社会中学到的，甚至有很大一部分是无意识地从家庭、学校、朋友圈和媒体中吸收的，而这些习惯会对我们的决策、选择和行为产生影响，而我们却很少思考甚至完全不知道自己为什么会"这样做"。

> 个体的语言、行为方式、价值观和思维模式等方面的习惯是其与所处的社会环境相互作用的结果，个体在社会中的地位、阶层、文化资本和经济资源等因素都会影响其惯习的形成。

谁是你"命运"的缔造者？

回想一下，你在生活中有没有做出过某种预判，结果，预想中的一切真的发生了，让你忍不住怀疑自己是不是有未卜先知的能力？比如，你接手了一个重要的工作项目，心想着这次一定可以把它做得很出彩。为此，你心无旁骛、全力付出，最后果然得到了客户与领导的认可与好评，还收获了一笔可观的项目奖金。

梦想成真固然好，但糟糕的是，有时也会遇到"墨菲定律"，怕什么来什么。比如，考试临近之际，你很害怕生病，小心翼翼地照顾着自己。没想到，考试的前一天还是发烧了。身体的疲惫和心理的焦灼，最终导致你没能发挥出正常的水平，把考试搞砸了。

明明只是假想的预言，为什么被说出来、被相信之后，就变成了真的呢？

美国社会学家罗伯特·金·默顿认为，人们先入为主的判断，无论其正确与否，都会或多或少地影响到人们的行为，以至于这个判断最后真的实现，这就是自我实现预言。

1948年，社会学家罗伯特·金·默顿发表了《自我实现的预言》一文，对"自我实现预言"的社会现象进行了如下定义："一开始是对情境的一种错误定义，继而引发了一连串的行为，使最初的错误概念变为现实，并导致这种似是而非的正确性，使错误的行为永久化。因为，当我们陷入这种情景时，我们会不由得引用事件的实际过程，来证明其从一开始就是正确的。"

默顿对自我实现预言的定义，受到了托马斯定理的启示，该定理指出："如果人们将情境定义为真实的，那么其结果就是真实的。"实际上，人们不仅会对自身所处的情境做出反应，对自身感知情境的方式以及赋予自我感知的意义也会做出反应。简单来说，一旦人们说服自己，一个情况是有意义的，无论它是否真的有意义，都会影响他们的行动。

从某种意义上说，命运也是自证预言的过程。

当一个人认定自己是有价值的、值得被爱的、可以变得更好的，他就会用成长的眼光看待自己，不断地去学习新的知识和技能，结交善待自己、帮助自己的人，不断地去精进自我。

当一个人认定自己这辈子都不会被欣赏、被爱、被认可时，就会在不知不觉中延续会让自己变得更差的习惯，如暴食、熬夜、懒散，最后把自己的人生弄得一团糟。

正如亨利·福特所说："无论你认为自己行或不行，你都是对的。"

看到这里，你应该已经意识到，自我实现预言会导致"信念—行为—信念"的无限循环，无论这种循环带来的结果是好是坏。特别要说明的是，当我们预先对自己产生了某种信念——"我不值得被爱"，这些信念会影响我们对他人的行为——"默默地承受别人的忽视与伤害"；这些行为反过来又会影响他人对我们的信念——"那个'老好人'什么都不在意"，促使他们用与这些信念一致的方式来对待我们——"不用考虑他的想法和感受"，从而强化我们对自己的信念——"不会有人爱我"。

那么，自我实现预言是不是一个难以破解"魔咒"呢？

当然不是。美国有一句谚语："天使能飞翔，是因为天使美好的态度已成为一种飞天的力量。"

```
        ( 我不值得被爱 )
         自我的信念
    ↗            ↘
他人的行为        自我的行为
(不用考虑他的想法和感受)  (默默地承受别人的忽视与伤害)
    ↖            ↙
         他人的信念
      (那个'老好人'什么都不在意)
```

默顿认为，想要打破自我实现预言的循环，可以重新定义错误假设最初所依据的命题。

当一个人被消极的心态支配时，对事物的解释永远都是消极的，并总能给自己找到沮丧、抱怨的理由，最终得到消极的结果。紧接着，这种消极的结果又会逆向强化消极情绪，使人沉浸在自我怀疑、自我设限的状态中，丧失信心和希望。为了打破这种负性循环，在消极暗示冒出来时，要进行理性的分析和思考，将预言信息变成影响具体情境的新因素，由此改变事态的发展过程。

画重点

自我实现预言的产生，是由于人们内在的信念对认知和行动具有指导作用，认知和行动又对事态发展产生了实际影响，最终才促成了预言的实现。

CHAPTER 03

如何扮演好自己的角色？

SOCIOLOGY AND LIFE

社会是人与人之间交互的产物

西方的神话中有一个关于巴比伦塔的故事：

远古时期，人类联合起来打算建造一座通天塔。上帝为了阻止这座塔建成，就打乱了人类的语言，让他们语言不通。之后，人类不再通力协作建造通天塔，而是散落在世界各地。

这个神话故事，暗喻着语言和交流的力量。

从现代科学的角度来看，语言和交流仍然是一个重要的课题，很多社会科学家都在进行这方面的研究，社会学中的符号互动论就是从语言的角度入手来研究人类社会的。

符号互动论，也称象征互动论，是20世纪初发源于美国的一门社会学理论，指人与人之间通过象征符号（尤其是语言）来交流或交换意义的活动。

美国社会学家乔治·赫伯特·米德是符号互动论的创始人，他指出社会的内容是由个体与集体互动构成的，这种互动体现为各种各样的符号。所以，社会可以被视为一个由人创造和使用的符号的总和。之后，米德的学生布鲁默继承和发展了他的符号互动学说，在1937年正式提出"符号互动论"的概念，并在1969年出版的《符号互动论：观点和方法》中将其上升为一种社会理论。

布鲁默把社会想象成一个动态的过程，认为人们通过赋予各种对象以意义并基于该意义采取行动，才使社会得以存在。他的符号互动论认为，社会是人与人之间交互的产物，人们通过"符号沟通"进行社会互动和角色扮演。

意义、社会互动和解释，是符号互动论中最主要的三个概念。

人们通过解释"家人""幸福""责任""情怀""宠物"等意义（概念），使社会得以成立。不过，这些词汇的意义不是预先确定的，它们会因为每个人的不同解释而发生改变。比如：有人认为"宠物是家人"，有人认为"宠物是动物"，赋予"宠物"不同的意义，就意味着他们会采取不同的行为。正是类似这样的一系列行为，不断地塑造着社会。

> 人们赋予各种事物各种意义，并且基于该意义采取行动。事物的意义并不是预先就确定的，而是在人们的社会互动中产生的，且这种意义也会不断地被重新解释和修正。

生活如戏，你我都是舞台上的演员

欧文·戈夫曼
（1922~1982）

" 加拿大裔美国社会学家、作家，在其著作《日常生活中的自我呈现》中从更微观、更新颖的角度对人际互动展开研究，并提出了著名的'拟剧理论'。他把社会中的人看作舞台上表演的演员，提出前台、后台、印象管理策略等概念，对人们成功扮演自己所承担的社会角色具有积极的启示和借鉴意义。"

美国社会学家欧文·戈夫曼是布鲁默的学生，他继承了符号互动论的思想，从更微观、更新颖的角度对人际互动展开研究，并提出了著名的"拟剧理论"。

戈夫曼认为，人与人在社会生活中的互动在某种程度上可以视为一种表演。**社会和生活是一个大型的舞台，每一个社会成员都以不同的角色，在不同的场次进行表演**，如果可以按照剧本表演，人们就会按部就班地演；如果剧本不完整、不明确，就要随机应变，以便在观众面前展示一个被接受的形象。拟剧理论，研究的就是人们运用哪些技巧来把握自己给他人造成的印象。

戈夫曼拟剧理论的表演框架，也是借助舞台表演的一系列概念解读来呈现的。

CHAPTER 03 如何扮演好自己的角色？

- **剧本期望：社会规范对各种社会角色的期望与要求**

每个人都是社会舞台上的演员，但并不是想怎么演就怎么演，每一场表演的背后都隐藏着"剧本"——社会体系，人们的行动不能脱离"剧本"，同时也会受到其他演员和观众的影响。

- **剧情：在各种社会情境中，为了给他人留下某种印象而表现出的行动**

人们表演的目的，通常都是表达某种意义，比如：想让别人关注自己，才选择故意提高说话的声音或语调。

- **剧组：表演某种剧情时进行合作的一些人**

处理好剧组成员的关系很重要，因为每个成员的表演都依赖于同伴的合适行为；如果正在上演同一幕剧，彼此都知道演出技巧中的"秘密"，那么大家要一起捍卫共同的利益。

- **表演区域：前台与后台**

前台，是想让观众看到的限定情景，以一般或固定的方式有规则地表演；后台是为前台表演做准备的，是掩饰前台不能表现的东西的场合。人们不能把前台行为应用于后台，也不能把后台行为应用于前台，而是要在不同的场合表演应有的行为，且标准是社会的规范。

社会学与生活

● 假面具：每个人都在表演伪装起来的自己

人们在社会互动中都在表演自己，但表演的并不是真实的自己，而是戴上面具的自己。假面具，就是与社会公认的价值、规范、标准相一致的前台行为。戈夫曼强调，这种假面具是一种角色面具，与欺骗工具有本质的区别。

> 拟剧理论是从符号互动论中发展出来的，这一理论将社会比作舞台，把社会成员比作演员，以此来解释人们的日常生活。在社会与生活的舞台上，每一个表演者都很在意自己如何在观众面前塑造能够被接受的形象。

怎样在他人心中塑造一个好形象?

在社会的舞台上,如果一个人想饰演好自己的角色,给观众留下好的印象,就要对自己表演时的各种行为进行管理,根据不同的表演框架,灵活地进行变通,以确保呈现出的自我形象与当前的社会情境或人际背景相吻合。

印象管理,是指人们在他人心目中塑造一个自己所希望的形象的策略。换句话说,就是个体借助一定的方法对自我形象进行操控,从而使他人对自己的印象符合自我的期待。

戈夫曼认为,"在人际互动中,不管个人的具体目标是什么,他的兴趣始终是控制他人的行为,特别是控制他人对他的反应。"

戈夫曼印象管理的策略主要有四种:理想化表演、神秘化表演、误解表演和补救表演。

- **理想化表演**

人们在前台总是极力地展现出理想化的形象,这就意味着要在一定程度上隐藏某些事物。所以,理想化表演的核心策略就是掩饰,将那些与社会公众的价值、规范、标准不一致的活动藏起来,呈现出一个理想化的形象。

戈夫曼印象管理的四种策略

人生如戏

理想化表演
我们会掩盖与自己理想的形象不一致的活动，以便集中展示自己理想化的形象。

神秘化表演
与互动方保持一定距离，使对方产生一种崇敬心理。

误解表演
富人装穷、流氓扮绅士都是误解表演的例子。

补救表演
用来应对一些意外情况，如无意动作、不合时宜的闯入、失礼、当众吵闹等。

● 神秘化表演

人们存在一种普遍的心理，对一个人越熟悉，就越容易轻视他。神秘化表演，就是刻意与互动方保持一定的距离，从而使人产生一种崇敬的心理。

● 误解表演

为了让别人产生错觉形成一种假印象的表演，就是误解表演。人们之所以做出误解表演，其目的通常有两个：一是获得利益（如社会尊重、社会地位、金钱财富）；二是满足虚荣心（如掩饰自身的缺陷和不足）。误解表演，有时是恶意的，有时是善意的。

● 补救表演

表演过程中有时会发生一些非预期的意外行动，如无意动作、失礼、不合时宜的吵闹等，为了恢复协调，就需要进行补救表演。

从戈夫曼的理论中可以看出，他承认社会规范对人有限制作用，这是正确的。只不过，他把人际互动中的虚假性片面夸大了，这也使得他的理论受到了尖锐的批评。

> 印象管理，就是在他人心目中塑造一个自己所希望的形象的策略。戈夫曼提出的印象管理策略共有四种，分别是理想化表演、神秘化表演、误解表演和补救表演。

种族意识和阶级意识是怎么回事?

加布里埃尔·塔尔德
（1843~1904）

" 法国社会学家、犯罪学家、社会心理学家，代表著作有《比较犯罪论》《模仿律》《社会逻辑》等。他认为，一切社会活动都是人与人之间的互动，最基本的关系是模仿，社会由相互模仿的个体组成。不同的模仿方式，又会不可避免地诱发冲突，冲突的结果是双方进行调节以相互适应，最终实现社会平衡。"

人们都比较偏爱自己所处的社会群体，不同群体之间的人们可能会经常联系，但不会在心理上产生"亲近"的感觉；即使是面对面交流，也会保持相对较远的空间距离。这种现象涉及重要的社会学问题，那就是"社会距离"。

社会距离，是指个体或群体间相互认同、了解的程度，描述社会群体或个人在政治地位、空间位置、文化背景、心理状态等方面的差异，它不仅指空间上的距离，也包括心理层面上的距离。通常来说，社会距离越大，相互之间的影响越小。

塔尔德率先在《模仿律》中提出"社会距离"的概念，他认为社会距离是阶级之间关系的亲密程度的反映，阶级差别就是阶级距离。

德国社会学家齐美尔认为,社会距离就是人与人之间"内在的屏障",更接近于个体与个体之间的"心理距离"。

美国社会学家帕克,继承并发扬了齐美尔有关社会距离的思想,他认为社会距离是两个或两个以上个体或其他范畴之间能感觉到的亲近感的缺乏,分为心理距离和空间距离。

社会距离的产生因素

社会地位　文化差异
空间隔离
生物差异

阶级差别就是阶级距离

塔尔德首先提出"社会距离"的概念。

齐美尔为"社会距离"的概念注入了主观的内涵。

认为社会距离就是人与人之间"内在的屏障"。

帕克将社会距离运用到对于当时美国种族和族群关系的理解上,使"社会距离"成为一个极具丰富内涵的概念。

帕克认为,社会距离是理解美国种族和族群关系的重要概念,种族意识和阶级意识体现的就是一种固定的和习俗的社会距离。

为什么会产生社会距离？或者说，社会距离是哪些原因所致的呢？

社会距离的产生，主要和以下几方面因素有关：

- 社会地位

  社会地位决定社会交往，决定社会距离的大小以及关系的亲疏。

- 文化差异

  群体之间的文化差异，会对社会交往造成一定的阻碍。

- 空间隔离

  空间上的隔离使人与人之间的接触、竞争、参与处于缺失状态，产生社会距离。

- 生物差异

  种族之间身体或精神上的差异，会影响社会交往。

> 人们偏爱自己所处的社会群体，不同群体之间的人们很难在心理上产生亲近感。致使这一情况产生的原因是多方面的，主要与社会地位、文化差异、空间隔离和生物差异有关。

与任何人相处都要"保持距离"

爱德华·霍尔
（1914~2009）

> 美国人类学家,被誉为系统地研究跨文化传播活动的第一人,代表作品有《隐藏的维度》《无声的语言》《超越文化》等。霍尔认为,文化决定了人们对时间和空间的理解,不同的理解会导致人际交流的障碍。

西方生物学家曾经做过一个研究刺猬生活习性的实验:

在寒冷的冬天,把十几只刺猬放到寒风凛冽的户外空地上。由于天气很冷,空地上又没有遮风避寒的东西,这些刺猬被冻得瑟瑟发抖。生存的本能让它们不由得互相靠在一起,但又因为对方身上的长刺而被迫分开。就这样,经过一次次的靠近和分开后,刺猬们终于找到了一个既可以相互取暖又不会刺伤彼此的合适距离。这种情形后来被称为"刺猬效应",也叫"距离法则"。

人类作为群居动物,从出生开始就一直处在复杂的社会关系网中。**无论是哪种社会交际,都要与他人保持一定的空间距离。**这种空间距离,不仅界定了

刺猬效应

唯有找到适当的距离，才能彼此温暖，并保护对方。

交往的形式，也界定了交往的深度。社会距离提醒我们，人与人之间的空间距离近，不代表心理距离也近；彼此之间不经常联系，也不代表心理上的疏远。所以，在与周围人相处时，我们要学会控制好身体距离和心理距离的关系，营造一个和谐、融洽的相处氛围。

美国人类学家爱德华·霍尔博士根据人与人之间的亲密程度，将社交区域划分为四种：

- **公众距离**（3.7～7.6米）

　　这个距离到底是多远呢？想象一下，台上的演讲者和台下的听众之间的距离，这就是一个评判的标准。保持这样的距离，可以让仰慕者更加喜欢偶像，既不会遥不可及，也能够保持神秘感。

- **社交距离（1.2~2.1米）**

这是一种礼节上的人际距离，最常见于职场。这样的距离给人一种安全感，处于这种距离中的两个人，既不会害怕受到伤害，也不会觉得太过生疏，可以友好地交谈。

- **个人距离（46~76厘米）**

这是人与人之间稍有分寸感的距离，较少有直接的身体接触，但可以友好地交谈，让彼此感受到亲密的气息。通常，只有熟人和朋友才能够进入这个距离。人际交往中，个人距离往往在非正式社交情境中使用，在正式社交场合则会使用社交距离。

- **亲密距离（15厘米之内）**

这是最亲密的距离，只能存在于最亲密的人之间，彼此能够感受到对方的体温和气息。就交往情境而言，亲密距离属于私下情境，就算是关系亲密的人，也很少在大庭广众之下保持如此近的距离。否则的话，会让人感觉不舒服。

了解这几种社交距离，有选择性地运用，才能让社交保持在最佳的状态，既不会过于疏远而产生陌生感，也不会因为过于亲密而造成尴尬。

社交区域

爱德华·霍尔

▶ 公众距离（3.7~7.6米）

▶ 社交距离（1.2~2.1米）

▶ 个人距离（46~76厘米）

▶ 亲密距离（15厘米之内）

画重点

空间距离，不仅界定了交往的形式，也界定了交往的深度。在与人相处时，要保持恰当的身体距离和心理距离，让彼此都感到舒适。

如何让交往顺利地进行？

尤尔根·哈贝马斯
（1929~）

> 德国当代最重要的哲学家之一，西方马克思主义法兰克福学派第二代的中坚人物，2015年获美国国会图书馆颁发的克鲁格人文与社会科学终身成就奖。哈贝马斯的思想庞杂而深刻，体系宏大而完备，被公认是'当代最有影响力的思想家'，其代表著作有《公共领域的结构转型》《认识与兴趣》等。

哈贝马斯患有先天性唇腭裂，小时候接受了多次手术，在成长过程中也遭受了不少歧视，曾经一度恐惧与人交往。少年时代的经历，让他在成年后十分看重人与人之间的交往，而他创造的"交往理性"学说，也引起了社会的广泛关注。

德国社会学家马克斯·韦伯曾把人类的理性分为"工具理性"与"价值理性"。

工具理性，是指人们在做事之前都会进行理性思考，根据收益最大化来做选择。比如，在同时接到两家公司的录用通知时，我们会进行综合考量，选择对自己更有利的公司就职。

价值理性，是指人们注重行为本身所代表的价值，而不是看重所选择行为的结果。比如，当财富积累到一定程度，在面对物质财富与个人价值的冲突时，价值理性会逐渐占据上风，不会单纯地因为物质去做一件事，而是会考虑个人的感受。

如果没有价值理性，只有工具理性，每个人都会变成物质的奴隶。如果只有价值理性，没有工具理性，人们之间的合作、理解、信任和依存都会变得格外困难。 毕竟，价值理性融合了强烈的个人主观意识，面对同样的问题，每个人的关注焦点都不一样，人人坚持自我，合作无法进行。

针对这样的状况，哈贝马斯给出了一剂"解药"——交往理性。

哈贝马斯的交往理性，建立在语言的基础之上，其目的是增进人与人之间的理解，各自放弃主体性的地位来进行有效沟通，从而达成共识。

在哈贝马斯看来，相互理解是人际交往的核心，也是传递关爱的前提。要做到相互理解，需要人们在言语上遵守一种约定俗成的规范，这种抽象的规范就是交往理性。

如何让交往得以顺利进行并实现有效沟通呢？哈贝马斯提出了四个重要的原则：

原则1：言语有效，用对方听得懂的话与之进行交流。

原则2：内容真实，沟通的内容具有真实性，交流才有意义。

原则3：态度真诚，这样的沟通姿态更容易被人接受。

原则4：方式正确，说话要讲究方式方法。

每一份礼物都蕴藏着"灵魂"

在人类社会生活中，礼物一直扮演着重要的角色。你有没有思考过这个问题：为什么我们要赠予他人礼物？为什么我们在接收到礼物之后，又总是惦记着回赠呢？

法国社会学家马塞尔·莫斯，通过追溯全球范围内的人类文明史，认为物品的主要转移是通过礼物的强制性回报循环来实现的。从某种程度上来说，**礼物的循环交换系统就是社会**。

> 接受赠予并回馈这一循环是具有约束力的符号交换。
>
> 社会因为赠予和回馈而得以发展。
>
> 专注于研究人类互赠行为的意义。

马塞尔·莫斯

在莫斯看来，没有任何礼物是无偿送出的，哪怕是丈夫经常送给妻子的小礼物也不是无偿的，而是对妻子提供性服务的一种补偿。他认为，**交换系统维护了社会的稳定与社会等级**。

莫斯在《礼物——古式社会中交换的形式与理由》一书中提出了"礼物之

灵"的概念，**即一个人所馈赠的礼物是一种自我的呈现，而接受某种礼物也就是接受了赠予者的一部分灵魂。**所以，礼物交换涉及的不只是经济方面的互惠，还有更深层的社会关系的互动。

> 莫斯认为，交换与契约总是以礼物的形式达成，表面上这是自愿的，但实质上，送礼和回礼都是义务性的。所要还给他人的东西，事实上是那个人本性或本质的一部分，因为接受了某人的某物，就是接受了他的某些精神本质，接受了他的一部分灵魂。

为什么得了别人的好处要回报？

在第一次世界大战中，德国的一些特种兵需要深入敌后，抓俘虏回来审讯。

有一个德国特种兵，多次溜进敌人战壕，成功抓到俘虏。这次，他又出发了，熟练地穿过两军之间的无人区，突然出现在敌军的战壕中。一个落单的士兵正在吃东西，没有丝毫的防备，一下子就被缴了枪，手里还举着刚刚正在吃的面包。这时，他本能地把面包递给突然闯入的敌人。

这也许是他一生中做的最正确的一件事了。眼前的德国兵忽然被感动了，而后他做了一件事——放了敌军士兵，自己回去了。他知道，这样回去后上司定会大发雷霆，却义无反顾。

为什么德国特种兵会被一块面包打动呢？

这就是人的互惠心理，虽然他从对手那里得到的是一块面包，甚至他根本没有接过那块面包，可他感受到了对方的善意，即使这种善意中暗含着一份恳求。那一刻，他觉得自己无论如何都不能把一个对自己好的人当作俘虏抓回去，甚至要他的命。

心理学家曾经做过一个实验：

在一群素不相识的人中随机抽样，给挑选出来的人寄去圣诞卡片。他预料到会有一些回音，但是没有想到，大部分收到卡片的人都给他回了一张，实际上他们并不认识他。

那些给他回赠卡片的人，没有想过去打听一下这位陌生的教授是谁，他们在收到卡片后，很自然地就回寄了。也许，他们以为是自己忘了这个教授是谁，或者以为自己忘记了教授给他寄卡片的原因。无论怎样，自己不能欠对方的情，给人家回寄一张，总不会错。

得到对方的恩惠就一定要报答，这种心理就是"互惠法则"，也是人类社会中根深蒂固的一个行为准则。及时回报，能够表明自己是一个知恩图报的人，有利于日后的继续交往。

> 世界上没有绝对无私奉献的爱，无论是友情还是爱情，交往的双方都需要保持一个利益的平衡。如果平衡被严重打破，很有可能会导致关系破裂。

第一次见面，千万不要搞砸了

心理学家进行过一个实验：他们对两组受试者出示同一张照片，告诉A组人员说："这是一位屡教不改的罪犯。"然后又告诉B组人员说："这是一位著名的科学家。"之后，要求受试者根据照片上的人的外貌特征分析他的性格特征。

A组人员描述说："眼睛深陷，隐含着几分凶狠的杀气；额头高耸，带着几分不知悔改的决心。"B组人员描述说："目光深沉，透着深邃的思想；额头饱满，诠释出钻研的意志。"

明明是同一张照片，为什么两组受试者对照片中人的描述大相径庭呢？答案就是——首因效应！

首因效应，由美国心理学家洛钦斯提出，是指人们在第一次交往中给对方留下的印象，在对方的头脑中占据主导地位的效应，第一印象比以后接触中得到的信息作用更强，持续的时间更久。

如果第一印象形成了肯定的心理定式，在后续的接触中，人们会倾向于挖掘对方身上美好的品质；反之，则倾向于揭露对方身上不好的品质。首因效应提醒我们，在与他人交往时，尤其是初次见面时，一定要给对方留个好印象。

首因效应

个体在社会认知过程中，通过"第一印象"——最先输入的信息对客体以后的认知产生的影响作用。

通常来说，人们首先靠言行举止、衣着打扮、面部表情等，来判断一个人的内在素养和个性特征。因此，在交友、求职、谈判等社会活动中，我们不妨充分利用第一印象的效应，把自己最好的一面展示出来，为日后的深入交往打下良好基础。

洛钦斯还提出过一个近因效应，即在多种刺激依次出现的时候，印象的形成主要取决于后来出现的刺激。比如，对于多年未见的老友，我们脑海中印象最深的往往是临别时的情景。**在与陌生人交往时，首因效应发挥的作用比较大；而与熟人交往时，近因效应发挥的作用大。**

无论是首因效应还是近因效应，都有一定的"盲区"，我们不能犯"一叶障目不见泰山"的错误，避免以片面的印象取舍、下结论。正所谓"路遥知马力，日久见人心"，判断一个人还是要从长期来考察，这样才比较客观真实。

CHAPTER 04

群体对一个人的影响有多大?

SOCIOLOGY AND LIFE

为什么人类要结成群体？

人是群居动物，这一点毋庸置疑。提及人类结群的原因，几乎每个人都可以说出一两条，比如：在远古时代，人们不仅要面对野兽的侵袭，还要应对其他的侵犯者，个人的力量比较薄弱，结成群体更有利于生存和繁衍；在群体中生活，可以满足个体的生理需要和精神需要等。

这样的解析没有问题，但是从社会学的角度分析，我们还可以了解更多的内容。

物质资料的生产是社会存在的前提，如果连基本的衣食住行都不能保证，人类是无法生存的，人类社会更不可能存在。在物质资料生产过程中，人们要以一定的方式结合起来共同活动和互相交换其活动；物质资料生产的社会过程，就是在生产活动中人与人之间发生社会关系的过程。

从这个角度来说，物质资料的生产与人类自身生产的需求，促成了群体关系的发生。

人类群体的形成不是随意的，而是要满足相应的条件，具体包括以下几点：

（1）群体必须能够适应自然环境和社会环境。

（2）群体成员的利益必须受到保护，成员可以为实现自己的目的从事活动。

（3）群体要赋予成员一定的地位和作用，以此谋求成员之间的统一。

（4）群体要满足成员的各种需要，提高成员的主观能动性。

群体是将个人和社会连接起来的纽带，也是社会的基层，有助于传承文化，维持社会秩序，团结个人的力量，推动社会的发展。同时，群体也是满足个人需求的载体，为个人提供信息来源和社会安全感、归属感，获得社会性支持。

当然，群体的功能不都是正向的，也可能是反向的，这与群体的性质和目的有关。以恐怖组织、犯罪集团来说，这些群体对社会秩序就具有反向功能。

> 从生物学的角度来说，结群更有利于人类的生存和繁衍。从社会学角度来说，人们为了获得物质生产资料，需以一定的方式结合起来共同活动和互相交换其活动；物质资料的生产与人类自身生产的需求，促成了群体关系的发生。

公园里的游客是社会群体吗？

说起群体，大家都很熟悉。在日常生活中，凡是按照某一特征而划分出的人的集合，都可以称为群体。有些群体是现实存在的，如家庭、班级等；有些群体是假定的，如旅客、观众等。两者的区别在于，现实群体中的人们在不同程度上是相互作用、相互影响的；假定群体中的人们，彼此之间可能没有任何接触与互动。

简单来说，群体是一定数量的人的集合体。那么，是不是所有的"人的集合体"都是社会学意义上的群体呢？答案并非如此。

社会群体是这样一种集合体，即某些成员通过一定的社会关系结合起来进行活动的共同体。

广义的社会群体，是指一切通过持续的社会互动或社会关系结合起来进行共同活动，并且有着共同利益的人类集合体，如政党、社会组织、社团等。狭义的社会群体，是指由持续的社会交往联系起来的具有共同利益的人群，如家庭、邻里、朋友等。**社会群体的本质，在于其内部有一定的结构，即由规范、地位、角色所构成的社会关系体系。**

由此可知，不是所有"人的集合体"都属于社会学意义上的群体。比如：高铁上的乘客、影剧院里的观众、公园里的游客、商场里的顾客等，虽然他们是在同一时间出现在同一地点的一群人，但彼此不接触、不互动，因而不能算作社会群体，只能算是"偶发性社会聚集体"。

如果不是偶发性社会聚集体，而是具有某种共同的特征，如教师、医生、民工、老年人、青年人、小学生……他们算不算是社会群体呢？

同一类型的人，如果彼此不发生社会互动、不进行密切的社会交往，也不能称为社会群体。 除非同龄人之间、同职业的人之间发生了稳定的、密切的交往互动，形成了有别于其他类型的社会共同体，这种统计学意义上的群体才能称为社会学意义上的群体。

为了清楚地把握社会群体的内涵，我们需要认清社会群体的基本特征：

1. 群体成员之间存在相对稳定的关系
2. 群体成员之间有持续性的社会互动
3. 群体成员有共同的期待与共同的行动能力
4. 群体成员有一致的群体意识
5. 群体成员有共同的行为规范
6. 群体成员有一定的分工协作

> 同一时间出现在同一地点的一群人，如果彼此不接触、不互动，那么不能算作社会群体，只能算是"偶发性社会聚集体"。同一类型的人，如果彼此不发生社会互动、不进行密切的社会交往，也不能称为社会群体。

"外地人"一词里隐含着什么?

威廉·格雷厄姆·萨姆纳（1840~1910）

> 美国社会学奠基人之一，主张社会进化论，最负盛名的代表著作是《民俗论》。在萨姆纳看来，习俗是无形的社会行为规范，而道德是含有善恶观念的习俗，对人的行为有更强的约束力。根据对群体习俗与道德的遵从与否，他将社会分为'内群体'和'外群体'，并指出前者的社会凝聚力更强。

萨姆纳用"民俗"一词来表示群体内的惯常行为。

生活的第一要务是生存。

威廉·格雷厄姆·萨姆纳（1840~1910）

网络上盛传过一段视频，剪辑内容是一位地铁工作人员与一位乘客发生了言语冲突，地铁工作人员用带有地域歧视的话羞辱乘客是"外地人"。视频一经流出，在网络上引起一片哗然。

其实，关于"本地人"与"外地人"的争论一直都存在，无论是在大城市里打拼生活，还是到其他城市游玩，多数人不可避免地会谈论到这一点。对于这个问题，不少学者们从地域差异、人文差异以及心理健康等角度进行过探讨，感兴趣的朋友可以去浏览。如果从社会学的角度来看，"本地人"和"外地人"涉及的是群体分类的问题。

现实生活中，群体的存在形式多种多样，不同的社会群体凸显着不同的结构和功能，对其成员的作用和影响也不一样。社会学家根据不同的标准，将群体划分为不同的类型：

- 群体规模 → 大群体vs小群体
- 群体成员关系的亲密程度 → 初级群体（家庭、邻里、朋友）vs次级群体（社会组织）
- 群体的规范形式 → 正式群体（机关、学校、企业）vs非正式群体（游伴群、兴趣群）
- 群体的心理归属 → 内群体vs外群体

上文提到的"本地人"与"外地人"，就是根据群体的心理归属对群体进行的一种划分。

内群体与外群体，由萨姆纳率先在《民俗论》一书中提出，他试图应用这两个概念描述一个人的群体归属、群众意识，以及群体对个人的影响。

> 内群体，是指一个人所属的且对其有认同感和归属感的群体，也被称为"我们群体"，成员之间有亲密感和认同感。外群体，是指内群体以外的所有社会群体，是人们没有参与也没有归属感的群体，也称"他们群体"。

萨姆纳认为，**人们对外群体通常怀有蔑视、厌恶、回避或仇视心理，没有**

互动、合作、同情心，对其分子怀有偏见和疑问。 不过，这种划分是相对的，两者之间的界定是不断变化的，在一定条件下，内群体与外群体可能会发生相互转化。

"本地人"与"外地人"是根据群体的心理归属对群体进行的一种划分，相比于外群体，人们更偏爱内群体的人，同时对外群体的分子怀有厌恶、蔑视和偏见等。

家庭有着怎样的社会学意义？

在群体的分类中，家庭是最重要的初级群体，而对家庭问题的探究一直是社会学家们十分关注的课题。家庭并非一开始就是我们现在所知道的样子，在人类发展的历史上，家庭也经历了不同形态的发展过程。

家庭是人类社会发展到一定阶段的产物，在形式上经历了血缘家庭、普那路亚家庭（族外婚姻）、对偶家庭、父权制家庭和一夫一妻制家庭的发展过程。

血缘家庭是人类历史上的第一种家庭组织形式，也就是以血缘婚姻为基础的群婚家庭。后来，人们发现年龄会影响生理状态，故而就按照辈分来划分婚姻，父母与子女之间的婚姻开始被禁止，但兄弟姐妹之间是可以成婚的。

经历了漫长的实践，人们逐渐意识到，同一血缘结婚有很大的弊端，于是就不准本氏族通婚，并产生了一种族外婚家庭。之后，又发展出对偶家庭，即一夫多妻或一妻多夫。然后，又发展到父权制家庭，允许男子同时拥有多个妻子，女子不能同时拥有多个丈夫。经历了父权制家庭之后，就发展出了现在的一夫一妻制家庭。

无论哪一种家庭形式，都不是凭空出现的，也不是一成不变的，而是随着人类社会的发展和生产方式的进步不断发展、不断变化的。家庭的存在，对

社会学与生活

于个体成员和社会而言有着至关重要的意义，这也是家庭的功能所在。**概括来说，家庭具有六项基本功能，即生物功能、养育功能、社会化功能、文化传递功能、经济功能和满足情感需要的功能。**

家庭的六项基本功能

- **生物功能**：生儿育女、延续种族、合法地满足性需求
- **养育功能**：抚养后代、赡养老人
- **社会化功能**：将家庭成员从自然人培养成社会人
- **经济功能**：在生产和消费方面发挥效用
- **文化传递功能**：上一代把当时盛行的文化传递给下一代
- **满足情感需要的功能**：相互关心、支持，获得情感慰藉

家庭是个体在人生经历中接触最早,在其中生活时间最长的社会生活群体。家庭的存在,对个体和社会都有重要意义,主要功能体现在六个方面:延续种族、养育子女、社会化、文化传递、生产消费和满足情感需要。

面对群体压力，你会怎么做？

老师带领一位学者进入教室，向学生介绍说："这位是国际上有名的化学家，他最近研究出了一种新的化学品。现在有请教授在课上为大家展示一下这项新的研究成果。"

只见"化学家"拿出了一个瓶子，里面装满了透明的液体。他告诉学生说，自己目前正在研究化学药品的感知效应，现在向大家展示的是一种新药，其味道可以在空气中迅速传播，只有对化学药品有敏锐感知力的人，才能够捕捉到它的气味。

接着，他打开了瓶子，学生们用心感受，都希望自己是对化学药品有敏锐感知力的人。之后，大家开始讨论自己的感受，有人说"这是一种跟其他化学药品的味道完全不同的东西"，有人说"教授打开瓶子后，我立刻就嗅到了香味"……总之，没人说自己没有闻到任何味道。

等大家讨论得差不多了，这位"化学家"揭开了谜底：他根本不是什么化学家，只是本校的一位研究学者；瓶子里装的不是什么新型化学药品，而是最常见的自来水；在课堂上发生的这一切，都只是他和老师事先设计好的实验。

想象一下：当你置身在那样的环境中时，会不会也跟其他人一样，相信那是带有特殊气味的化学药品呢？这样的事情在我们的生活中时常发生，最常见的就是在路口成群结队地闯红灯。这些情况都说明了一个问题：每个人都有从众心理！

从众心理，是指由于群体压力而引起的个体行为或信念的改变。

个人会在知觉、判断、认识上表现出符合公共舆论或与多数人相同的行为方式。原因很简单，没有人愿意自己在某件事或某个决定上跟大多数人不一样。人们总觉得多数人的决策应该是正确的，也乐于做出与众人一样的决定或行为。

从众有积极的一面，它有助于我们学习到别人的经验智慧，少走弯路，修正自己的思维方式和行为。但很多时候，它也存在弊端，比如束缚思维、抑制个性发展、扼杀创造力，甚至减弱了人们对生活的激情，使得我们在生活方式、文明习惯乃至人生境界方面都陷入流俗与浮躁。

在一般情况下，多数人的意见是对的，少数服从多数也不会出什么错。可是别忘了，具体问题具体分析，在产生了从众的想法时，记得多分析思考随大流是否真的可取，切忌盲从。

从众是指个体在真实的或臆想的群体压力下，怀疑并改变自己的观点、判断和行为，朝着与群体大多数人一致的方向变化。从积极的角度来看，从众是个体社会化的基础，有助于形成和维护群体的规范、秩序和价值，还可以避免固执己见；从消极的角度来看，从众可能会让人丧失独立思考与判断的能力，盲目地随大流。

人们为何喜欢在竞争中获得快乐？

下面的这个笑话，你可能也听过：

上帝向一个人许诺，说可以满足他三个愿望，但有一个条件，就是在他得到想要的东西时，他的敌人将会得到他所拥有的两倍。听罢，这个人开始许愿，第一个愿望和第二个愿望都是得到巨额的财富，而他的第三个愿望是"将我打个半死"。

虽是笑话，阐述的道理却很现实，人的竞争意识非常强烈。

社会心理学家认为，人生来就有竞争的天性，每个人都渴望自己比别人强，同时也无法容忍对手比自己强。无论是面对利益冲突，还是在双方有共同利益时，人们都会优先选择竞争，而不是选择合作，这种现象就是"竞争优势定律"。

生活中，我们经常会看到这样的情景：上公交车或地铁时，明知道排队有序地上车会更快，可当车辆进站，多数人还是会蜂拥而上，导致一群人卡在车门口，挤了半天谁也上不去，拉低了整体的效率。这就是"竞争优势定律"的作用，表明了人的天性更加倾向于竞争而非合作。

CHAPTER 04
群体对一个人的影响有多大?

合作的诱惑,总也敌不过竞争

那么,在什么情况下,人们会选择合作呢?

在社会环境中,人们往往会根据力量对比的结果来决定选择竞争还是合作。

如果对方的力量太强大,人们多半会选择与之共同完成任务;如果自己更有力量,多半就会采取竞争行为。简而言之,竞争优先,合作是不得已而为之的选择。

> 画重点
>
> 竞争是人类与生俱来的天性,人人都渴望自己比别人强,无论是面对利益冲突,还是面对共同利益,人们都会优先选择竞争。只有自身力量明显弱于对方时,才会选择合作。

社会学与生活

群体让你的工作效率下降了吗?

说起"和尚挑水"的故事,多数人都不陌生:一个和尚挑水喝,两个和尚抬水喝,三个和尚没水喝。故事阐述了一个很简单的道理:不能凡事都想着依赖别人。这样的解释没有错,但你可能会心存疑问:不是说"人多力量大"吗?为什么"和尚多了"却"没人挑水"了呢?

别急,让我们从社会学的角度,剖析一下这个"简单又复杂"问题。

心理学家瑞格曼曾经做过一个实验:

挑选八个工人作为受试者,让他们用力拉绳子,测试一下他们的拉力。第一次,他让每个工人单独拉绳子;第二次,他让三个人一起拉绳子;第三次,他让八个人一起拉。他原本以为,人均拉力会随着人数的增加而增加,但结果并非如此:单独拉绳时人均能拉动63公斤;三个人时人均能拉动53公斤;八个人时人均只能拉动31公斤,不到单独拉时的一半。

瑞格曼把这种个体在团体中较不卖力的现象称为"社会懈怠"。

社会懈怠,是指个体作为群体中的一员进行群体活动时,会降低自己的努力和表现水平,个人所付出的努力比单独完成时偏少的现象,也称社会惰化。

这种社会懈怠现象,在后来的研究中得到了进一步的证实。研究者曾让大学生以欢呼鼓掌的方式尽可能地制造噪声,每个人分别在独自、2人、4

人、6人一组的情况下做。结果，每个人制造的噪声随着团队人数的增加而下降。

为什么会产生社会懈怠现象呢？

从社会学角度来看，产生社会懈怠的原因与社会评价、社会认知和社会作用力有关。

● **社会评价**

在群体活动中，测量的结果是整个群体的工作成绩，个体的工作成绩是不记名的。在这样的情况下，个体的被评价意识就会减弱，为工作付出的努力也就减少了。

● **社会认知**

群体中的个体，可能会认为群体中的其他成员也不会尽力，为了求得公平，自己就开始偷懒；或认为个人努力对群体微不足道，群体成绩很少一部分能归于个人，个人的努力与群体绩效之间没有明确的关系，所以不愿意全力以赴。

● **社会作用力**

在群体作业的情况下，每一个成员都是群体中的一员，与其他成员共同接受外界的影响。当群体成员增多时，每一个成员接受的外来影响就会被分散、被减弱，致使个体付出的努力降低。

社会懈怠会明显降低群体的工作效率，想要消除这一现象，依靠"个人自觉"行不通，最好的办法是制定规则，将个体作业成绩可识别化。**把个体从群**

社会学与生活

体中提取出来，当个体的行为可以进行单独评价时，人们才会付出更大的努力。

看到这里时，有朋友可能会联想到"旁观者效应"，这两者是一回事吗？

社会懈怠，是指个体在群体中不太卖力的现象；旁观者效应，是在紧急情况下由于有他人在场，而没有对受害者提供帮助的情况。虽然两者都是由于情境中他人的存在而责任感降低的表现，但前者和群体有关，后者情境中的他人不是同一群体中的成员。

现在，请你试着回想一下生活中发生的事情，哪些是社会懈怠效应，哪些是旁观者效应？经过对比，你就会发现它们是有很大区别的。

> 群体一起完成某件事情时，个人所付出的努力比单独完成时减少的现象，叫作社会懈怠。要减少这一现象的发生，不能依靠个体的自觉性，而是要将个体从群体中剥离出来，对个体的行为进行单独评价，让个体作业的成绩变得清晰、可识别。

跟什么样的人在一起很重要

"孟母三迁"出自西汉刘向的《列女传》，讲的是孟子的母亲为了给他创造良好的成长环境屡次搬家的故事。最初，孟子和母亲住在墓地附近，每天看到人家哭哭啼啼地埋葬死人，孟子觉得好玩儿，就模仿大人的丧葬仪式捶胸顿足、跪拜号啕。孟母见此情景，心中暗想："我的孩子不能住在这里了"，于是就带着孟子搬到了集市的附近。

孟子看见商人自吹自夸地卖东西赚钱，又把商贩叫卖、讨价还价当成游戏。孟母担心时间久了会对孩子产生不好的影响，就带着孟子搬到了学堂附近。果然，搬了新家后，孟子开始跟着学堂里的人学习礼节，并且要求上学。孟母倍感欣慰，决定在此定居。

孟母是一个重视教育且善于解决问题的人，当她发现居住的环境对孩子产生了不好的影响后，立刻采取积极的措施，为孩子找寻适合其成长的环境。尽管那时候还没有社会学，但孟母实际上已经懂得了社会学中的纯粹接触效应。

纯粹接触效应，是指人们越是经常地接触某一事物或观点，就越喜欢它。纯粹接触效应体现的是社会影响，即个体在他人的影响下，其态度和行为发生变化的过程。

社会学与生活

纯粹接触效应

朋友喜欢啥，我就喜欢啥！

1950年，美国有三位社会心理学家，针对麻省理工学院17栋已婚学生的住宅楼进行了一次调查。这是一些两层的楼房，每层有5个单元住房。住户住哪个单元都是随机分配的，原来的住户搬走后，新住户就会搬进来。调查中，每个住户都要回答一个问题：在这个居住区中，和你经常打交道的最亲近的邻居是谁？

结果表明，居住距离越近的人，交往次数越多，关系越密切。在同一楼层中，和隔壁的邻居交往的概率是41%，和隔一户的邻居交往的概率是22%，和隔三户的邻居交往的概率只有10%。事实上，多隔几户，距离上并没有增加太多，但亲密程度差了很多。

这个实验印证了一点：人们和邻近的人打交道更多一些。因为和邻近者打交道，要比和距离远的人打交道代价小，一是双方了解起来比较容易，能预测对方的行为，交往起来有安全感；二是打交道比较方便，借用东西的话能少走几步路。

社会心理学研究发现，人在面对社会影响的时候会产生从众、服从、认同或内化的反应。

在面对社会影响时，人们会因为年龄、出身、经历、价值观、环境等因素的差别，表现出不同的反应。就年龄而言，岁数越小可塑性越强，越容易被影响。碍于纯粹接触效应，我们要注意对周围人的选择，跟什么样的人在一起，就有机会从他们身上学到什么样的东西。

> 接触的次数与好感度之间呈正比关系，人们容易对经常接触的事物产生好感。想要成为什么样的人，就多接触相关的事物；不想成为什么样的人，就要跟与之相似的事物保持距离。

所有冲突都是破坏性的吗？

刘易斯·科塞
（1913~2003）

> 德裔美籍当代著名社会学家，代表著作有《社会冲突的功能》《社会冲突研究续编》等。他批判结构功能理论对社会冲突的忽视，也批判'左派'冲突论者对社会冲突结果的过度强调，积极探索功能主义冲突理论。

有人的地方，就会有冲突。冲突是一种不和谐的状态，在许多人的印象中，冲突意味着矛盾、破坏与伤害，是一种应该加以拒绝的状态。然而，科塞提出了冲突功能主义，认为社会冲突不总是破坏性的，它也有正向的功能。

科塞认为，过分强调冲突对社会稳定、整合的破坏性是片面的，事实上，冲突对社会的团结、一致、稳定、整合也有重要的促进作用。

群体之间会发生冲突，群体内部也会发生冲突，外部冲突与内部冲突的作用有所不同。

- 外部冲突

当一个群体遭受外部冲突时，群体内的成员为了维护共同的利益不受到损害，会紧密联合起来，以增强凝聚力与战斗力。从这个角度来说，外部冲突可以促进各个群体内部成员之间的团结性，有助于建立和维持社会或群体的身份与边界。

不过，外部冲突与内部团结并不是正相关的关系，只有群体内部的价值和利益一致时，外部威胁才会被视为对整个群体的威胁。如果在外部冲突发生之前，群体内部已是一盘散沙，成员们就很难"拧成一股绳"。

● 内部冲突

群体内部的冲突，也不总是破坏性的，它可以作为一种"安全阀"，缓解和释放社会情绪压力与敌意，重建双方的关系。比如，一对夫妻因琐事发生了口角，在争执的过程中，彼此都释放出内心积压的情绪；借助吵架的机会，如果能够让对方知晓哪些行为给自己造成了伤害，并让对方了解自己的感受，对日后的相处是有益的。

科塞强调，冲突倾向于产生支配它自身行为的规则、规范，同时也约束着解决冲突的斗争形式。冲突发生的过程，也是旧规则不断被改进、新规则不断被创造的过程。另外，冲突也会激发人们对于潜伏着的规范、规则的自觉意识。

> 科塞认为，冲突不总是破坏性的，也有正向的功能。群体冲突有内部和外部之分，内部冲突有助于缓解和释放社会情绪压力和敌意；外部冲突可以引发内部的团结与整合。如果群体内部缺乏团结，遇到外部冲突时，可能会面临瓦解。

CHAPTER 05

性别究竟意味着什么？

SOCIOLOGY AND LIFE

社会性别背后的权力关系

盖尔·卢宾
（1949~）

> 美国文化人类学家，性别政治理论家与倡议者。1975年，她发表了论文《女性交易：性的'政治经济学'初探》，试图发现女性在社会性别与父权体制之下，如何从历史与社会机制下被产生出来，又是如何成为次等阶级的。

在填写个人信息时，有关性别一栏，我们通常会很自然地写上"男"或"女"。性别根植于生物学，可以通过观察生物学指标来确定，如外部生殖器官、内部生殖器官、性染色体等。生活中绝大多数人被划分为生理上的男性或女性，也有极少部分具有非典型生物特征组合的人被称为"中性人"，如切除生殖器官的人、做了变性手术的人，或是出生时就带有男女生殖器官的人。

那么，什么是社会性别呢？它与生理性别之间有着怎样的联系呢？

社会性别与性别有关，又与性别有着明显的差别；它不是根植于生物学，而是一种观念文化，反映的是关于男女角色分工、精神气质、行为方式等方面的一整套社会观念和意识形态。

社会性别是相对于生理性别提出的一个概念，可以理解为在某种文化中，人们如何看待性别、如何感受性别，以及如何表现出符合性别规范的行为。女性主义学者发现，社会性别是一种压迫妇女的体制化、系统化的社会关系，是一种男性控制女性的权利结构。

美国学者盖尔·卢宾从"关系"的概念入手，率先提出了"性别/社会性别制度"的概念。

卢宾认为，社会性别是一种由社会强加的两性区分，是性别的社会关系的产物。社会性别制度是建立在男性统治女性基础之上的父权制，是以男性为核心的体质，这种体质制约着两性关系，控制着人类的社会生活与文化生活。

卢宾在《女性交易：性的"政治经济学"初探》一文中写道："性别/社会性别制度并不是脱离历史的、人类幻想出来的东西，它们是人类历史的产物，是社会将生物的性转化为人类活动的产品的一整套组织安排，这些转变的性需求在这套组织中得到满足。"

美国后现代女性主义历史学家琼·瓦拉赫·斯科特曾经指出："性别是代表权力关系的主要方式。"换句话说，性别是权力形式的源头和主要途径。社会性别理论，就是在对传统男权社会的性别生物决定论的批判和否定基础上提出的。

斯科特在论文《社会性别：历史分析中的一个有效范畴》中，对社会性别的定义做了全新的阐释，即"组成以性别差异为基础的社会关系的成分""区分权力关系的主要方式"和"权力形成的源头和主要途径"。简而言之，社会性别是男性和女性之间权力关系的反映：男性处于统治、支配地位，女性处于被统治、被支配的地位。

生理性别是与生俱来的，社会性别是文化建构的，是人通过社会化过程习得的。

女人是天生的，还是后天造就的？

西蒙娜·德·波伏娃（1908~1986）

> 法国存在主义作家，女权运动的创始人之一。1949年，波伏娃出版了代表作《第二性》，在思想界引起了巨大反响，该作品成为女性主义经典。她认为，女人并非生来就是女人，而是因为接受并扮演了社会定义为合适的角色，才变成了女人。

波伏娃是法国哲学家、小说家，也是现代女性主义运动的开创者之一，甚至可以说她已成为全世界女性主义的英雄。她最主要的哲学著作是《模棱两可的伦理学》和《第二性》，但人们经常因为波伏娃在女性主义运动中边缘化的决定，而忽视其作品的哲学意义。

波伏娃的思想，发展了萨特的存在主义主题。

萨特认为，懦夫和英雄不是天生的，而是由行为决定的，我们的行为代表了我们是怎样的人。因此，任何一个行为英勇的人都是英雄，而任何一个行为懦弱的人都是懦夫。不过，人始终可以选择下一次做出不一样的行为，所以根本不存在所谓的"本性"能决定我们必须如何行为。否认我们有彻底的自由，被萨特称为"自欺"。

按照萨特的思想框架，波伏娃也认同个体是生而自由的，且出生时不带本质。不过，人的生理性别鉴定，对女性来说则意味着定义了她的人格。**女性变成了"女人"，这一含义是社会和文化赋予的。所以，女性并非生来就是女人，而是因为接受并扮演了社会定义为合适的角色，才变成了女人。这就是波伏娃说的——"女人并非天生的，而是后天造就的。"**

也许有人会质疑，这算不算是"自欺"呢？

波伏娃认为，自欺的假定前提是，人意识到自己在所处境遇中拥有自由的可能，却选择了忽略。然而，该意识并不是一个给定的事实。以孩子为例，他们不可能有自欺行为，因为他们生活在父母或监护人的世界里，其存在由他人来定义。只有他们长成青少年、进入觉醒期，才会产生存在主义的"畏"。

波伏娃认为，女人的存在，向来都是由社会经济环境定义的，所以她们并不知道自己在其境遇里拥有自由的可能，所以其行为不属于自欺。

> 社会期望女性服从，拥有温顺、柔弱、持家的特质，就从社会化的各个方面去影响女性，如法律、教育、文化、艺术等，让她们将这些规则内化。这些规则内化之后的结果，就是女性承认了自己是女性，承认了社会的期望，也承认了男权的支配。

波伏娃从思想层面深刻地指出，女性并非天生就是人们眼中所谓的"女性"，男女存在生物学上显而易见的差别，但这些生物学上的差别并不必然导致社会学上的差别。她强调，女性要敢于跳出被男人设定的"他者"圈子，站在人生的另一个高度思考女性问题，要有属于自己的真实想法，重塑女性的主体意识。

社会学与生活

社会性别化的社会控制

对社会认同的行为给予正式或非正式的赞同和奖励,对不被社会认同的行为进行指责、污名化、排斥或治疗。

画重点

女性不是天生的,而是因为接受并扮演了社会定义为合适的角色,才变成了女人。

性别是一种表演吗?

朱迪斯·巴特勒
（1956~）

> 美国耶鲁大学哲学博士，当代最著名的后现代主义思想家之一，在女性主义批评、性别研究、当代政治哲学与伦理学等学术领域有突出的成就。她提出的关于性别的'角色扮演'理论，是酷儿理论中的一个重要观点，她也因此被视为酷儿运动的理论先驱。

社会学家欧文·戈夫曼提出了拟剧理论，指社会是一个舞台，社会中的每个人都在演戏，个人所具有的身份是一种表演性的呈现。后来，又有一位理论家单独把性别视为一种表演。

巴特勒在《性别麻烦：女性主义与身份的颠覆》中提出了"性别操演"理论，认为生理性别、社会性别和性欲都是文化建构的结果，性别不是一种稳定的身份，而是"一个操演得到的成果——世俗社会的观众，包括演员本身，都对它深信不疑，并以信仰的模式表演它"。

酷儿理论，是20世纪90年代初在美国形成的一种文化理论，认为性别认同和性取向不是"天然"的，而是通过社会和文化过程形成的。

作为酷儿理论的重要理论家，巴特勒认为，既然性别是文化构建的，那么性别身份也不是既定的、固定不变的，而是不确定的、不稳定的，即表演性的。**所谓性别操演，就是"我"在扮演或模仿某种性别，通过不断重复地扮演或模仿，"我"把自己构建为一个具有这一性别的主体。**

巴特勒进一步指出，话语对性别的建构是通过询唤来实现的。当婴儿出生后，医生宣布说"这是一个男孩/女孩"，此时对性别的询唤就出现了。婴儿成了一个性别的主体，从"它"变成"他/她"。之后，这一基本的询唤被不同的权威反复重复，被主体不断表演。

> 巴特勒在其著作《性别麻烦：女性主义与身份的颠覆》中提出"性别表演"，以此解构传统的性别观念和传播制度。她认为，所有的身体一出生就被语言命名、区分，所有的性别都是语言实践的结果。性别的观念之所以能够成立，是因为主体不断地按照社会规范反复地进行性别表演。

CHAPTER 05
性别究竟意味着什么？

谁定义了性别该有的样子？

翻看众多的童话故事，你可能会发现一个共通之处：当公主被坏人施了魔法，或是被陷害、被囚禁时，只有王子才能将其救赎。反过来，当王子遇到困难时，却鲜少写到需要公主来搭救。这种"无独有偶"的安排似乎在暗示着一点：男性是英勇的、善战的，女性是柔弱的，需要被保护、被照顾的。所以，只能"英雄救美女"，不能"美女救英雄"。

从社会学的视角来看，"英雄救美"的情节与性别刻板印象有很大的关系。

性别刻板印象，是指社会对男性或女性产生的一种固化的看法，即没有进行实质性的交往，就对某一类人产生了笼统的、不容易改变的简单评价。

印刷行业中，通常会使用"固定模板"进行印版。1922年，美国新闻评论家沃尔特·李普曼在其出版的《公众舆论》中提出了"刻板印象"一词的现代用法，即社会对某些社会群体持有的信念和描述，比如"男生擅长理科，女生擅长文科""女性比男性更擅长照顾家庭""大男人怎么能当全职""女司机开车不靠谱"等。

刻板印象来自对性别角色的社会共识，即社会文化期待的男性或女性的一般行为模式，让人们误认为某种性别就应该是某种样子。然而，大脑生物基础和认知结构的证据显示，男性与女性的数理能力是一样的。实验研究也证明，男生和女生的数学表现没有任何差异。

无论哪一方面的性别刻板印象，对于丰富多彩的人性来说都是束缚与压迫。

性别刻板印象对女性的压迫，在职场上表现得比较明显。人们普遍认为，女性的领导力、决策力都不如男性。调查研究显示，相当大比例的中国女性自认为不适合做领导。同时，女性在职场上很容易遇到天花板，看起来明明有晋升的空间，却总是升不上去。

性别刻板印象对男性的压迫，在事业成就上表现得更为突出。人们总是强调，男人要敢于拼搏，要追求事业上的成功；要是回家当起了全职爸爸，必会饱受周围人的冷眼和讥讽。如果一个男性天性不符合性别刻板印象，他将会承受巨大的舆论压力和内心折磨。

性别刻板印象提醒我们，不要对男性或女性存在固有的、僵化的看法，每个人的人性都应当得到充分的尊重。女性可以是坚强的、顽皮的、爱冒险的，也可以追求属于自己的事业；男性可以表现出软弱和恐惧，也可以用哭泣抒发情绪……性别可以不同，但都有释放自我的权利。

> **画重点**
>
> 性别刻板印象，是指社会文化根据社会成员的生理性别而赋予男性或女性的相应行为、价值观或动机等，即定义男性或女性"该有的样子"。其实，无论男性还是女性，都是独立而自由的个体，不该用固定的模板去塑造个人。

为什么要谈论女性主义?

女性主义(feminism),也称女权主义,指为了结束性别主义、性剥削、性歧视与性压迫,促进性阶层平等而发起的提高女性社会地位的运动。简而言之,就是为了在全人类中实现男女平等。

19世纪后半叶至20世纪初,西方国家女性发起了第一次女性主义浪潮,希望获得与男性平等的受教育权、参与权和就业权。20世纪60年代,女性主义迎来第二次高潮,这次运动涉及女性权益的各个方面,旨在缩小两性之间的差别,帮助女性冲破固有的观念束缚。

> 如果你相信性别平等,你就是女性主义者。

第二次的女性主义浪潮,其规模和声望远超第一次,促使不同的女权主义流派形成。这些流派的核心观念与基本诉求存在差别,女性主义内部的分化与分歧也拉开了帷幕。

- **自由女性主义——追求男女机会平等**

自由女性主义认为，女性受压迫的根源在于缺少与男性公平竞争的机会。如果可以改善教育和经济制度，让女性接受良好的教育，得到与男性同工同酬的权利，那么女性也可以在社会公共领域发挥出巨大的价值。

> 对于那些专门给予女性特殊照顾的策略，自由女性主义持反对意见。这一流派认为，此策略只能在短期内给女性带来益处，但不利于女性群体的长期发展。她们渴望构建一个不讨论性别差异，只凭借个人能力证明自身价值的公正社会。

- **激进女性主义——反抗男权的压迫**

激进女性主义认为，女性在社会中所承担的性角色与生育职能，给她们带来了诸多的痛苦，父权制或男权制是女性受压迫的根源。激进女性主义号召所有的女性团结一致，反抗男权的压迫，通过避孕、人工授精、试管婴儿等科技手段，让女性从生育职能中彻底解放出来。

> 近代女性主义先驱杰梅茵·格里尔在《女太监》一书中指出：女性是被动的性存在，因为她被男性阉割了。她主张解放妇女的性，以快乐原理取代强制性与强迫性的行为，鼓励女性大胆尝试全新的、自由的性生活规则。

许多人认为，女性主义的第三次浪潮起源于20世纪90年代，这一次的浪潮带有更多的反思性、独特性与多元性，其中影响较为突出的是社会主义女性主义和后现代女性主义。

● 社会主义女性主义——提升女性的经济地位

社会主义女性主义认为，女性受压迫的根源是资本主义父权制，是制度与性别的合力所致。在男权社会中，女性被剥削、被压迫是通过四个领域进行的，即生产、生殖、性与儿童教化。女性总是无偿地进行家务劳动，而这些劳动从来没有进入过市场，处于货币经济之外。

> 中国经济学家们做过一个类似的测算，如果将家务劳动转化为固定工资支付，每年的费用为420亿人民币。这一女性主义流派认为，无偿的家务劳动是构成女性受压迫的物质基础，这一不利处境是历史和社会原因导致的，不能单纯地依靠女性个体的努力获得改善。
>
> 要解决这一问题，需要为女性提供特别的保护性立法，通过救助与扶持弱势群体来实现男女平等。同时，还要朝着家务劳动社会化的方向努力，让社会组织为家庭提供服务，减轻女性的家务负担，为女性解放提供先决条件。

● 后现代女性主义——接纳女性的多样性与差异性

后现代女性主义，反对非黑即白的二元论思维，提倡多元的价值观。在这一流派看来，所有宏大的理论体系都是值得怀疑的，没有任何一类女性可以代表所有人，要警惕对性别、种族、阶级这些概念的宏观分析。

有的女性认为结婚生育很辛苦，有的女性认为做全职主妇很幸福；有的女性渴望创造自己的事业，有的女性却只关心自己的家庭；有的女性喜欢孩子，有的女性想要丁克……在后现代女性主义者看来，这些取向没有对错好坏，因为"女性"原本就是多样化的，没有固定的模板，要允许和接纳差异的存在。

女性主义的核心观点是，女性应当与男性一样享有平等的权利和机会，性别不应该成为一个人在社会中获得成功和发展的障碍。女性主义的目标是建立一个无性别歧视的社会，让女性有权决定自己的身体，做出自己的生活选择，在家庭和社会中获得平等的对待。

CHAPTER 05
性别究竟意味着什么？

你敢承认自己是受害者吗？

上野千鹤子
（1948~）

> 日本社会学家，日本女性学、性别研究领域的开拓者、引领者及理论家，代表著作有《厌女：日本的女性嫌恶》《父权制与资本主义》《一个人的老后》等。2023年8月，她被美国知名杂志《新闻周刊》（Newsweek）日本版选为世界尊敬的百大日本人之一。

十几年前，卢小姐以全系最高分的成绩考入一所211大学的财经专业，本科毕业后又考上了本校的研究生。之后，她进入省会城市的一家事业单位工作。不过，她并没有安于现状，继续向上攀爬，最后考上一线城市的博士，并留在当地的一所学校任教。

当然，这一切只是别人眼中的画面。在他们看来，卢小姐是一个努力上进、敢想敢做的人，人生的每一步路她都在认真地走，也实现了自己的目标，算得上是平凡世界里的一位女性精英。可是，他们并不知道，卢小姐的生活还有另外的一面。

在自己的学业和事业上，卢小姐拥有绝对的掌控权，但也有一些领域是她无法靠个人控制的。她生活在一个重男轻女的家庭，弟弟想在北京买房，父母掏出大半辈子的心血给他交了首付，心甘情愿给他带孩子、贴补家用，却从未问过她在经济上有没有困难、需不需要帮助。

有了孩子之后，她的生活被琐事和痛苦充斥。为了工作，只能雇用保姆照看孩子；丈夫回家只顾刷手机、玩游戏；鲜少帮忙的婆婆却总是站在儿子的立场替他开脱。再后来，丈夫和公司的一位女同事有了婚外恋，她心里很窝火，可一想到可能拿不到孩子的抚养权，她就默默打消了离婚的念头。

当她偶尔感到疲倦、脆弱，向父母流露出不满与愤怒的情绪时，父母没有给予她任何的共情，反倒指责她"没事找事"，并称"都是你自己选择的"，却丝毫不提当年催婚催生的情景。当朋友得知卢小姐的处境，指出她也是"父权社会的受害者"时，卢小姐脸色很难看，自此便主动和那位朋友拉开了距离。

在内心深处，卢小姐很抵触承认自己是"受害者"，反而强调一切都是自己的责任。即便是丈夫出轨，在跟他对峙时，她也坚持维系体面的形象；面对婆婆的胡搅蛮缠不讲理，她也从来没有说过一句难听的话……长期以来，独立自主、优雅从容、高知精英的标签已经内化成了她的一部分，她不敢承认自己是一个受害者，只能不断把伤害合理化，去掩盖自身的痛苦与无力。

日本社会学家上野千鹤子在书信集《始于极限：女性主义往复书简》中，将"不肯承认自己正在经历伤害，不愿承认自己是受害者"的心态称为"恐弱"。

上野千鹤子指出，恐弱是精英女性群体经常陷入的一种心态。**恐弱的根源是耻于承认自己会被伤害，其中隐藏着一个错误的逻辑，即认为只有弱者才会被伤害，而自己不是弱者；女人普遍软弱，而自己和其他女人不一样。**

其实，每个人身上都有软肋，格外排斥和厌恶软弱的人，恰恰是因为不敢承认和接受自身的软弱。上野千鹤子提醒女性朋友："人以弱者的姿态来到这个世界，最后也会以弱者的样子离开。我们就该承认自己有弱小的一面，然后在这个基础上去相互支持、相互帮助。"

上野千鹤子是在女性主义的社会学情景下使用的这一概念，如果用于心理学范畴，恐弱可理解为不愿意承认自己在某种情境下产生了受伤的感觉，或是羞于承认自己是脆弱的，对他人有情感需求。然而，当一个人否认自己的悲伤，否认自己在关系中渴望得到他人的认同，拒绝承认自己爱而不得的痛苦，除了把攻击性投向自身以外，还有一种很大的可能性便是鱼死网破，指向毁灭的愤怒，以及见诸行动的"复仇"。

面对恐弱心理，上野千鹤子强调要对自己诚实。一个人若是不能相信和尊重自己的经历和真实感受，又如何能相信和尊重他人的经历和感受呢？疼了就喊疼，一个人生而为人的尊严正基于此。只有正视自己的伤痛，才能真正相信、尊重和共情他人，而这就是作为人最强大的力量。

> 不肯承认自己正在经历伤害，不愿承认自己是受害者，这种心态被称为恐弱。恐弱的根源是羞于承认自己会被伤害，认为只有弱者才会被伤害。上野千鹤子指出，人应当对自己诚实，承认自己有软弱的一面，并在这个基础上相互支持、相互帮助。

"看与被看"是一种权力关系

如果你是女性的话,下面的这些问题对你来说,可能并不陌生——

"出门到底要不要化妆?"

"这么热的天气,穿不穿内衣?"

"裙子比较短,乘坐电梯该怎么遮挡一下?"

"衣服的V领会不会太低了?"

"姿势好像有点不雅观吧?"

为什么这些问题会萦绕在女性的心头,让其感到纠结和迟疑呢?

有着艺术评论家、作家、画家等多重身份的约翰·伯格说:女性在公共空间的仪态与自我表达,其实由不得女性自己——男人行动,女人表现;男人注视女人,女人看自己被男人注视。

约翰·伯格尖锐地指出:"在以男性为主导的社会里,女性培养出一种男性的目光随时随地审度自身,以期符合这种目光制定的标准,所以女性爱美,为悦己者容。而男性以力量、财富、地位、权力为追逐目标,成为拥有者,进而拥有女性。久而久之,**女性被囚禁在男性的目光之下,或是自觉,或是不自觉。**"这种现象,在社会学中被称为"男性凝视"。

凝视,用于分析视觉文化中观众怎样看待被展示的人。男性凝视,最早出现在英国女性主义电影评论家劳拉·穆尔维发表的《视觉快感与叙事电影》

女性客体化的心理影响

- 抑郁
- 焦虑
- 孤独
- 低自尊

- 饮食紊乱
- 自残
- 自杀想法

中,即电影中的男性往往是权利的主导与凝视的主体,而女性是被凝视的客体,多数受欢迎的电影在很大程度上满足了男性的窥视快感。

在早期的好莱坞电影中,男性凝视是很常见的,以影片《邮差总按两遍铃》为例:当女性角色出场时,镜头通常是从下向上移动,即从脚开始拍摄,慢慢移动到腿部,再呈现出全身,让观众们不自觉地凝视女演员的身体。

男性凝视的概念起源于电影,但在广告领域的影响更为普遍和深远。

> 广告中的女性,不仅仅是被凝视的客体,更是成为被买卖的物件。许多广告画面和传递出的内容都暗示着一个信息:买下这件产品,你会拥有这个女人;买了这件产品,你会和广告中的女人一样,成为男性注意力的焦点。

男性凝视充斥在生活的各个方面,无论是影视剧、MV、短视频,还是购物网站、社交媒体、电商平台,女性长期浸润在这样的环境中,会下意识地习惯从男性的视角出发去审视自我,无形中丧失了女性作为个体的独特性。

社会学家皮埃尔·布尔迪厄曾指出,**人们对于美的识别并不是完全主观或自由的,而是被裹挟在了时代的审美意识当中。有关"好看"的认知是被社会**

建构出来的， 在人类历史上男性更多地占据着经济与文化资源，因而社会对美建构的背后，往往也会受到"男性凝视"的影响。

社会对于女性的审美标准一向高于男性，且愈发苛刻。女性的主体性一直被众人所审视，倘若在某一方面脱离传统规范，就会遭受异样的目光与评判。这种审美标准，通常是男性期许的社会内化，女性不自觉地去符合男性视角之下的社会规范，用男性视角来构建自我，比如追求"肤白貌美""身材修长""贤惠温柔"等刻板形象，甚至不惜用医美、整容等手段来创造符合男性要求的单一形象，逐渐失去对自我的认同感，让男性成为评判自己的准绳。

正如约翰·伯格所说："女人看自己被看的样子，不仅决定了大多数男人和女人的关系，也决定了女人和自己的关系。" 了解了男性凝视之后，面对当下如火如荼的消费主义，你是否产生了全新的思考呢？在这种看与被看的凝视关系中，你是否可以摆脱对被观看、被谁观看、是否符合刻板女性角色的顾虑，成为你想成为的人呢？

> 男性凝视，是指女性接受男性的目光，并以同样的方式看待自己。男性凝视是权力和支配关系的一种体现，可能会造成女性身份认同危机。

可怕而不自知的"厌女症"

如果你关注过日本女性主义社会学家上野千鹤子，那么对于"厌女"这个词语，应该不会感到太陌生，因为《厌女：日本的女性嫌恶》正是上野千鹤子的代表作。通过对女性在日本社会中的地位和经历的阐述，上野千鹤子将"厌女症"直接摆在读者面前，并发出严肃的质问：你有勇气去探究所谓的"厌女"吗？你愿意直视内心或周围、显性或隐性的"厌女"症状吗？

所谓厌女，并不只是字面意思所呈现的"厌恶女性"那么简单，上野千鹤子开宗明义地指出，**厌女的真正内涵是"女性蔑视"，涵盖着对女性的憎恶、贬低和物化的态度。"厌女"在男性身上主要表现为对女性的歧视与偏见，在女性身上则表现为某种无意识的自我厌弃。**

2019年，上野千鹤子在东京大学的开学典礼上做了一场演讲，她指出女性的一些现实处境，如：入学时比男生费更多的周折，付出更多的努力，才可以获得同样的入学资格；即使通过努力考入了类似东京大学这样优秀的学校，在向别人介绍自己时，也要隐去学校的名字只称"某大学"，为的是避免给对方带来压力……她的那次演讲，在社会上引起了巨大的反响。

上野千鹤子在《厌女：日本的女性嫌恶》中，精准地总结出厌女症的三个配套机制：

● 同性社会性欲望

同性社会性欲望，是男性之间相互认同的欲望，也是男人之间的纽带。由于不带有"性"的色彩而具有"社会"的属性，故称"社会性欲望"。

● 恐同

男性最害怕的事情莫过于"被女性化"，也就是性的主体地位的失落。上野千鹤子把异性恋男性群体"恐同"的原因解释为"男人对男女界限的模糊暧昧而带来的不安所抱有的恐惧"。

在这个由主体成员构成的世界里，习惯把自己当成主体去"狩猎"女性的男人们，一旦出现主体成员的客体化现象，就意味着丧失了在男性集团中的成员资格。

● 厌女症

为了成为性的主体，将对女性的蔑视根植于自我确认的核心，这就是厌女症。

事实上，"厌女"不只出现在日本，有人将其称为"一种世界性传染疾病"，从古至今、从非洲到亚欧大陆，绝大多数人类居住的地方都可以或多或少地嗅到"厌女"的味道。结合日常的生活和工作，回想一下你有没有目睹或经历过下面这些情形？

（1）凡是不符合"女性阴柔、男性阳刚"社会规范的，总被人视为"不正常"。

（2）女性的主要舞台是家庭，男性的舞台是广阔的世界，不符合这一架构会被另眼相待。

（3）女性在性方面要取悦男性，在孕育下一代上要做出奉献和牺牲。

（4）认为女性的地位比男性低，能力和智力不如男性。

（5）女性在家庭聚餐时不可以上桌。

（6）女性穿衣时露肤太多是放荡的表现。

（7）学得好不如嫁得好，女性接受高等教育的目的就是嫁给条件更好的人。

（8）总觉得自己的身材不够好，腿不够修长、腰不够细。

（9）担心怀孕的情况被公司知道会影响升职。

（10）用一些"黑话"形容女性被动接受亲密行为的程度。

（11）失恋后害怕找不到爱自己的人，觉得自己不值得被爱。

看到这里，你可能也在思考：怎样才能摆脱"厌女症"？

上野千鹤子并没有给出一个明确的指南，她指出："厌女症与社会性别一样，不是因为我们懂得了那仅仅是在历史中被构建起来的文化产物，便意味着我们能从中得到解放。关于超越了厌女症的未来世界，就像马克思关于废除了阶级的未来世界所言，我们只能说'由于我出生成长在一个厌女症根植太深的世界，我无法想象一个没有厌女症的世界'……只要本书还能被解读，就证明读者尚未从父权制和厌女症的重力圈中得到解放。"

厌女症在男人身上表现出来的是女性蔑视，在女人身上则表现为自我厌恶。事实上，厌女症对于男性和女性都是一种伤害，相较于女性的身体被物化，男性通常会轻视身体，避免谈及痛苦，将身体与精神分裂对待。超越"厌女症"不是让两性彼此对立去斗争，而是要和"厌女症"本身，与"厌女症"这种文化和现象去做抗争。

谁在弱化强奸行为的严重性？

2012年，印度"黑公交轮奸案"震惊了全世界。

一名年仅23岁的女大学生，在公交车上遭到了包括司机在内的6名男子的轮奸，导致她的腹部、内脏和生殖器都遭到了严重的创伤。被送到医院时，这位女大学生已奄奄一息，最后不幸离开人世。强奸女孩的6名凶手中，有4名凶手被判处死刑。

透过新闻报道和电影题材，我们不难发现，在不少性侵案、强奸案中，犯错的明明是强奸者，受到谴责的却是遭受侵害的女性。在印度的一部纪录片中，一名强奸犯"理直气壮"地为自己辩解："一个体面人家的女孩，不该在晚上9点钟还在外面闲逛，对于强奸来说，女人比男人的责任更大。"更荒谬的是，为强奸犯辩护的律师还做了一个"看似有理，实则胡诌"的比喻："女孩就像钻石般宝贵，如果你把钻石摆到大街上，就别怪狗会把它叼走。"

类似这样的说辞还有很多，其核心都是悄然弱化强奸行为本身的严重性：

——"明知道不安全，为什么还要和他单独出去？"
——"为什么要穿性感、暴露的衣服？"
——"为什么要去酒吧喝酒？"
——"你不知道那里鱼龙混杂吗？"
——"为什么你要轻信坏人？"

——"你不懂得怎样保护自己吗?"

话里话外,几乎全是对女性受害者的指责。正因为此,许多性侵案件发生后,受害女性会陷入抑郁和创伤后应激障碍,她们不仅身体上遭受了伤害,内心也承受了炼狱一般的折磨与自我消耗,被困在"为什么你不懂得保护好自己"的罪恶感与羞耻感之中。

这种毫无道理的质问,强调的不是强奸行为本身的可怕与罪恶,而是暗示受害者遭遇强奸的原因在于自身;提倡的不是教育男性尊重女性,而是告诫女性如何防止被性侵。 倘若这种"强奸文化"不改变,女性遭受性侵且被污名化的现象很难得到改善。毕竟,一颗种子长出来不仅仅靠自身的意志,还与它所处的土壤环境有关。

强奸文化,指的是一种社会环境,由于社会对"性别与性"存在一种特定的态度,导致"强奸"普遍发生,且被视为正常现象。

20世纪70年代,美国女性主义者苏珊·布朗米勒出版了《违背我们的意愿》一书,她在书中指出:"强奸"不仅仅是一种犯罪,还是有意识的恐吓过程,让所有的女性都处于恐惧之中。

恐惧来自话语环境。在男权话语主导的社会下,人们自动接纳了无厘头的结论——"所有女性都想被强奸。""没有哪个女人是在违背自己意愿的情况下被强奸的。""女性生来就被告知不'自爱'就可能被'强奸'。"

这本书出版后,人们开始对"强奸"有了新的认识和反思,"强奸文化"逐渐成为常用语,被用于指代鼓励性别暴力的文化环境。

"强奸文化"对社会的危害不可小觑,它会加重社会性别歧视,限制女性的行为选择、社会活动范围。更大的伤害在于强迫女性受害者(也包括男性)

进行自我羞辱、自我污名化，因为人们在提到强奸时，往往会有意无意地落入对传统贞操情结的强调，导致许多受害人认为自己的身体被玷污、被损坏，很难重回生活的正轨。

> 强奸文化，是指由于社会对性别和性行为的态度，强奸行为普遍存在并被正常化的一种环境。强奸文化与羞辱和责备受害者密切相关，强奸事件常常被认为是受害者的过错。如果这种强奸文化持续存在，女性遭受性侵且被污名化的现象很难得到改善。

尼加拉瓜女性为何要练跆拳道？

近些年，有不少父母选择送女儿去练习跆拳道。究其动机，一方面是让孩子强身健体，另一方面是让孩子提高自我保护能力，担心孩子遭遇校园霸凌。我们不去评判父母们的这一决策，只叹"可怜天下父母心"。不过，想借助练习跆拳道防身，并不只是父母寄予孩子的愿望，在尼加拉瓜，不少妇女也纷纷学起跆拳道，目的是对抗家庭暴力。

尼加拉瓜的家庭暴力问题很严重，有三分之一的女性经历过家暴，其中有一些女性还因家暴而丧命。当地的女性为了保护自己，纷纷学起跆拳道，其中的一位女性直言："现在我不会让任何人攻击我、对我施暴，因为我完全可以防卫。"

> 现在我不会让任何人攻击我、对我施暴，因为我完全可以防卫。

家庭暴力，是指发生在由婚姻、血缘、亲密关系或法律联系在一起的家庭成员之间的暴力，包括身体、性、情感等方面的暴力，同时也包括威胁施以暴力的行为。

关于家庭暴力，多数人有所了解，但也存在一些常见的误解。

✕ **误解1：家庭暴力只是极少数的现象**

家庭暴力的现象是客观存在的，且在全球各个国家和地区的发生率都不容小觑。世界卫生组织调查显示，全球范围内有性伴侣的妇女中，几乎有30%经历过其亲密伴侣的身体或性暴力。

✕ **误解2：家庭暴力是不可外扬的家事**

家庭暴力不是简单的"家事"，而是法律禁止的侵权行为。如果受害者对家庭暴力忍气吞声，会导致施害者持续实施暴力行为。因此，在遭受家庭暴力时，要向可信任的他人或机构求助，或将家庭暴力行为诉诸法律，请求司法援助。

✕ **误解3：家庭暴力只是对身体的伤害**

家庭暴力不只是伤害身体，也包括心理暴力、性暴力和经济控制。

✕ **误解4：家庭暴力是丈夫对妻子施暴**

无论是丈夫对妻子施暴，还是妻子对丈夫施暴，或是父母对子女施暴、子女对父母施暴，乃至对兄弟姐妹施暴，都属于家庭暴力。

为什么会发生家庭暴力呢？结合相关的调查分析，导致家暴的原因主要有以下几点：

- **原因1：社会残存的大男子主义**

    受漫长的封建历史影响，社会仍然残存着男尊女卑的夫权思想，以及大男子主义的落后文化，这让部分人将丈夫对妻子的暴力行为"合理化"，认为只要暴力不过度，都是被允许的。受害者也受此文化影响，屈服于家庭暴力。

- **原因2：家庭暴力的代际传递**

    在充满暴力的家庭中长大的人，很容易习得暴力行为，组建了自己的家庭之后，很可能会把暴力直接传递给下一代。调查显示，经济状况不佳、低收入、失业、生存空间较拥挤的家庭，更容易发生暴力。

- **原因3：人格缺陷或精神疾病**

    如果家庭成员患有精神疾病，或是在人格方面存在缺陷，如低自尊、嫉妒心强、占有欲强、多疑等，该成员实施家庭暴力的可能性就比较大。比如，有些男性性格扭曲，总是怀疑自己的妻子生活作风不检点，不许妻子与其他男性说话；还有些男性酗酒、赌博，醉酒或赌钱输了之后，就会拿妻子或孩子撒气。

- **原因4：女性专制主义**

    这一点主要针对男性遭受家庭暴力的情形：当妻子的收入远高于

男性，男性的家庭地位降低；夫妻在相貌、体力上存在较大差距；或是女性有了外遇，都可能在发生矛盾时对男性实施暴力。天津社会科学院老年问题专家郝麦收教授指出，女性专制主义是导致男性遭受家庭暴力的主因，而女性专制主义的形成与中国长期的家长制有直接关系。

家庭暴力的危害毋庸赘述，它不仅伤害夫妻感情，影响子女的身心健康，也会打击受害者的人格尊严，甚至威胁其生命。如果不能及时有效地遏止家庭暴力，受害者在不懂得用法律保护自己、难以开口寻求帮助时，很可能会酿成恶性的悲剧事件。

> **画重点**
>
> 家庭暴力，是指发生在由婚姻、血缘、亲密关系或法律联系在一起的家庭成员之间的暴力，包括身体、性、情感等方面的暴力，同时也包括威胁施以暴力的行为。家庭暴力的发生，有个人品德和心理的原因，也有社会因素的影响。

多少女性正在经历"母职惩罚"?

不少女性在孕期和产后会经历一段抑郁情绪,其中有少部分会发展为临床抑郁症。这些"不开心"源自对新身份的不适应、缺少娴熟照顾孩子的技能,以及对于母职或多或少的抗拒。在传统的社会观念中,成为母亲、照看孩子是一种"本分与本能",成为母亲之后的那些"不开心",都是需要女性自己去克服的难题。对女性而言,这意味着什么呢?

日剧《坡道上的家》围绕着一个案件展开,剧中情节传递着几个现代女性生育后面临的艰难处境:一位名叫安藤水穗的女子,被控告杀死了自己的孩子。所有参与庭审的人员,无论是法官还是国民陪审员,都怀揣着同样的疑问:究竟是怎样的女人会对自己的亲生骨肉痛下杀手?

在审理这个案件的过程中,透过其他女性在现实中所经历的生活片段,我们会逐渐意识到,这场悲剧的发生并不是安藤水穗一个人导致的,它的背后隐藏着太多的现实问题:产后抑郁、新手妈妈的焦虑、丧偶式育儿、低自尊等。

事实上,这些问题并不只发生在安藤水穗一个人身上。

剧中的女主角里沙子,体验着与安藤水穗类似的境遇,而她无处诉说,因为说出"讨厌听见孩子哭闹""有时会忍不住想打她""要是没生孩子就好了"这样的话,很难得到周围人的理解和共情,招惹来的只有鄙夷和指责。

  剧中年长的女性们（婆婆或妈妈），也曾经历过那些艰难的带娃时刻，却统统不愿意承认，而是抛出一句"大家都是这样过来的"，不知是在安慰别人，还是在敷衍自己；至于那些没有成为母亲的女性，更是难以理解母亲溺死孩子的行为，认为她不配有孩子。

成为母亲意味着什么呢？或许，每个身为母亲的女性都有自己的感慨。

  意大利著名女作家莫兰黛曾经写道："没有任何人，包括母亲的裁缝，会想到母亲有一具女性的身体。"母亲常常关联着伟大、奉献和慈爱，却不会是性感。母亲的身体，是工具化的，是抽离了女性特质的。

  女性成为母亲后，似乎拥有了"第三种性别"，要抛去欲望和想法，真实的感受被忽略、被隐藏。也许，这不是成为母亲导致的，而是女性的身体原本就面对着单一化与工具化的看法。生育带来的巨大成本，不只体现在身体变化和心理变化上，还包括自我价值化、经济收入的改变。正因为此，才有了"母职惩罚"一说。

  母职惩罚，是指女性由于生育导致就业中断、离开职场、脱离社会；即使重回工作岗位，也会存在系统性的负面影响，最为明显的就是收入降低和隐性偏见。

  资深媒体人、旅日作家库索说："现代社会把'母亲'和'妻子'默认为一种义务劳动，普通女性想要摆脱这两个标签的束缚、拥有自己的生活，是一件非常困难的事情。比起社会环境下的不宽容，让女性更加崩溃的是家庭与职场的不兼容。"

  相关研究结果显示，尽管工作时间与男性、非父母职工相当，职场妈妈群体的平均收入仍然比生育之前减少12.5%，部分女性群体还存在生育后再就业难的情况；从事相同任务时，职场妈妈也容易被认为比非母亲职员工作能力低、不称职。

与"母职惩罚"相对应的是"父职奖励",母亲投入到无偿的家庭劳动中,父亲便可以无顾虑地在社会中打拼,获取更多在社会通用的资本。社会对于父亲育儿的低预期,也会让他们更容易成为"好父亲"。

安妮·玛丽·斯劳特在《我们为什么不能拥有一切》一书中指出:孕妇和母亲被认为不太致力于自己的事业,每次她们离开办公室或要求任何灵活性时,这种承诺都会受到进一步的质疑;而当男性谈论孩子时,则会被视为是有爱心的父亲。

要减少"母职惩罚"的现象,还有很长的路要走。毕竟,性别不平等不是个人可以解决的问题,改变女性的生育困境需要全社会的合力。育儿从来不是女性一个人的事情,家庭需要帮助女性分担育儿的压力,社会也要打破性别分工的刻板印象,为女性提供展示自我的平等机会。

> 母职惩罚,是指女性因角色身份的转变,在成为母亲之后所面临的系统性困境。要改变女性的生育困境,需要全社会的共同努力。

CHAPTER 06

谁来制约人的社会行为？

SOCIOLOGY AND LIFE

社会制度能发挥什么作用？

马克思主义社会学认为，社会制度是在物质基础上形成的，规定社会关系、制约社会行动的规则具有普遍性和稳定性。社会制度的类型有两种划分方式，一种将其分为"正式制度vs非正式制度"，另一种将其分为"内在制度vs外在制度"。

社会制度
- 划分类型 1 → 正式制度——强制性、明确性；非正式制度——自发性、模糊性
- 划分类型 2 → 内在制度——道德伦理、风俗习惯；外在制度——法律条文、规章制度

● **正式制度vs非正式制度**

正式制度，是指人们通过理性思考、分析论证和组织制定形成的制度，是为了实现某种明确的目的，经过一定程序制定出来的制度，如法律法规、企业规章制度等。

非正式制度，是指人们在日常生活中逐渐积习而成的行动规则，没有明确的文字表述和条文款项的制度。

- 内在制度vs外在制度

内在制度，是指作用机制为内在的心理机制，如道德伦理、风俗习惯等。

外在制度，是指作用机制为外在的强制机制，如法律条文、组织章程等。

社会制度的功能主要体现在三个方面：制约功能、协调功能与整合功能。

- 制约功能

制约功能是社会制度最基本的功能。社会行动是复杂的，每个人都会根据自己的意愿、兴趣和利益追寻目标，有不同的行动取向，但社会资源与社会条件有限，因此有必要对社会行动进行制约，对社会成员"该做什么vs不该做什么""可以做什么vs不可以做什么"划定清晰的界限，建立行之有效的群体组织制度。

- 协调功能

社会秩序是个体、群体、组织等社会主体在社会交往中形成的稳定、持续、协调的存在状态。社会制度的存在，有助于协调各种社会关系，促进社会秩序的形成。一旦出现矛盾冲突，人们可以根据社会制度采取行之有效的措施来处理。

- 整合功能

社会制度规定了社会成员的行为模式，但不是所有的成员都会严格遵守制度规范的要求，可能会在行为上出现偏差。为了保证社会的正常运行，社会制度必须对存在偏差的行为进行干预和控制，根据行为的偏离程度进行相应的惩罚和制裁，这就是社会制度的整合功能。

除了上述的三种主要功能，**社会制度还有传递和创造文化的功能，它通过保存与传递人类的发明、创造、思想、风俗、习惯等文化，使之一代代地沿袭。**

任何一种制度都不是完美的，不可能只有正功能而没有负功能，但制度的正负功能是相辅相成的，我们无法将两者剥离。不过，我们可以通过不断地改革和完善制度，最大限度地发挥制度的正功能，抑制其负功能。

> 社会制度是在物质基础上形成的，规定社会关系、制约社会行动的具有普遍性和稳定性的规则，具有制约社会行动、协调社会秩序、干预和控制偏差行为、传递和创造文化的功能。

人们为何选择遵守社会规范？

中国有一句俗语："没有规则，不成方圆。"意思是说，做人做事要遵守规范。

规范，英文单词是"norm"，来源于拉丁文"norma"，原本是指木匠所用的规尺，后来被用于研究人的社会行为，作为人的行为标准，从而以一个特定的概念——社会规范（social norm）固定下来，成为社会学、心理学、哲学等多学科共同研究的对象。

社会规范，是指特定情境下某一群体成员都广泛认可的行为标准。

我们都知道，不遵守法律会遭到惩罚，抗拒法律判断更是罪加一等。毕竟，法律是一种强制性的社会规范。然而，有些社会规范并不是强制性的，为什么人们也会选择遵守呢？

社会规范是人们在长期的相互博弈中达成的普遍共识，一个人想要在社会中生存，需要与他人建立联结与合作，遵守基本的社会规范可以得到绝大多数人的认同，反之就会遭到孤立，或是成为众矢之的。

美国芝加哥大学法学院高级讲师理查德·波斯纳，对于"人们为什么遵守社会规范"的问题做出了四方面的解释，大致如下：

- **出于自身利益选择主动遵守**

理查德·波斯纳做了一个假设，如果一个社会规范是纳什均衡，不需要第三方的强制，人们也会选择自我实施。道理就跟下棋、玩游戏一样，总是不遵守规则，就会被群体排斥，甚至遭到群体的驱逐。

- **出于对情绪化报复行为的担忧**

社会规范是预期每个人都应该遵守的行为方式，如果某个人的行为方式与他人的预期不同，对方可能会采取情绪化行为加以报复。出于这种担忧，人们往往会按照合理的社会规范提供的预期来行动。最常见的情形就是，排队时有人不守规矩"加塞"，就可能遭到其他人的斥责；遇到脾气火暴的人或特殊情况，人在愤怒之下失去理智，还可能大打出手。

- **出于对自尊、形象和名誉的维护**

在正式的场合穿不合适的衣服，会招来他人异样的目光；在别人发言时随意打断、大声喧哗，会受到周围人的鄙视；不按规范的语言说话，会受到别人的耻笑；在公共场合高声打电话，会被认为缺少教养。为了减少难堪的情况发生，不被他人讥讽、嘲笑，任何一个有自尊心的人都会选择遵守基本的社会规范；越是在意名誉的人，社会规范的执行就越好。

- **出于内在的良知与行为规范**

社会规范原本是外部力量对个体行为的约束，随着时间的推移，这种外在的约束可能会内化成个人的习惯，成为内在的行为规范。当一个人做了有悖于社会规范的事情时，往往会受到良心上的谴责，产生负罪感、羞耻感。为此，即使没有外部的监督，个人也会自觉遵守社会规范。人们之所以重视教育,也是因为它对社会规范的内化有重要作用。

社会规范的存在,让个体知晓了行为的准则与边界,可以正常地与他人相处,维护社会稳定。对于社会的存在、稳定和发展来说,社会规范是不可缺少的。社会规范越完善、越充分,就越有利于维护社会秩序,促进社会发展。

> 个体在社会中生存,需要与他人建立联结与互动,遵守基本的社会规范可以得到多数人的认同。为了避免被孤立,出于自身利益、形象、名誉的考虑,加之内在良知的影响,即使有些社会规范不是强制性的,人们也会选择遵守。

风俗习惯与社会公德有何不同？

社会规范大致可分为两类，即风俗习惯与社会公德。

风俗习惯，是最早出现的、最普遍的社会规范。有些自发的行为规范，被人们长期、反复地遵循，从而形成一种风俗习惯，即使在没有外部压力的情况下，人们也会遵守它。

风俗习惯，意味着日常生活中相互约定、应当遵守的事项，比如：乘车或购物结账都要排队；上课或开会时把手机调成静音状态；图书馆、音乐厅内不可大声喧哗，不能带食物入内等。遵守风俗习惯，可以避免人与人之间产生不愉快，减少摩擦和矛盾。不过，风俗习惯里包含着群体或社会的一些旧习俗，有些内容可能已经不再适用于当下。

对于与社会生活关系紧密的事物与行为，人们予以是非、对错、良善等评价来进行褒贬，从而形成社会公德，这是比风俗习惯高一层的社会规范。

社会公德是存在于社会群体中的道德，是人们为了群体的利益约定俗成的行为规范，与公共生活密切相关，如文明礼貌、爱护公物、保护环境等。社会公德具有普遍性和连续性，不因社会形态的变化而中断，它是内化了的行为规则。

通常来说，一个人违背了风俗习惯，顶多是招来异样的目光或是非议，不会受到太过严厉的惩罚，比如：寒冷的天气里，穿着单衣在路上行走，路人只会觉得匪夷所思。然而，一旦违背了社会公德，如在考试中弄虚作假，行为人就会被惩罚和规诫，如被警告、取消考试资格等。通常来说，为了减少社会舆论和良心上的谴责，人们都会自觉遵守道德规范。

> 风俗习惯是被人们长期、反复地遵循，从而形成的一种社会规范，违背风俗习惯会招惹非议，但不会遭受太过严厉的惩罚。社会公德是比风俗习惯高一层的社会规范，是人们为了群体的利益约定俗成的行为规范，也是内化了的行为规则，违背社会公德要接受惩罚和规诫。

为什么会有人做出越轨行为？

在社会学中，偏离或违反一定社会行为规范的行为，被称为越轨行为。犯罪是越轨行为中的一种特例，即违反正式提升为法律的社会规范。

即使有多种理由驱使着人们遵守社会规范，但还是有人会做出越轨行为，他们为什么要这样做呢？另一位在芝加哥大学法学院工作的教授埃里克·波斯纳（理查德·波斯纳的儿子），在他的著作《法律与社会规范》中回答了这个问题。

埃里克·波斯纳认为，一些人之所以违反社会规范，主要因为以下几点因素：

（1）过分追求短期利益，忽视个人声誉与长期合作。
（2）其他人无法对其实施惩罚（如过去农村的"土霸王"）。
（3）存在不同规范的治理人群，或是规范变化太快。
（4）表达对特定群体或组织的忠诚（如黑社会组织）。

多数人出于良知以及对社会舆论的忌惮，都会自觉遵守社会公德，且普遍排斥和憎恶越轨行为。毕竟，越轨行为的存在会在某些方面导致社会功能失调，如破坏他人遵守规范的动机、毁掉人们对组织社会生活的信心、伤害他人和社会的利益、破坏人与人之间相互依赖和信任的关系。

CHAPTER 06
谁来制约人的社会行为？

画重点

个体为了追求短期利益，或是表达对特定群体或组织的忠诚，抑或是旧的行为规范已不适用等情况，都可能会导致个体做出越轨行为。

社会学家怎样看待越轨行为?

越轨行为对社会的影响主要是负面的,但从社会学角度来看,它也可以直接或间接地引发一些正功能,如有助于定义社会规范、增进群体之间的团结、促进社会体系发挥作用。

越轨行为的类型

- 违俗行为
- 违德行为
- 违纪行为
- 违警行为
- 违法行为

法国社会学家涂尔干指出,越轨行为是任何一个社会组织都必然会出现的情形,是社会组织的组成部分。他认为,越轨行为在客观上起到了巩固社会秩序的作用。

具体来说，越轨行为的潜在正功能体现在以下几个方面：

1. 越轨行为明确了社会规范，增强了群体的团结性

涂尔干强调，为数有限的越轨行为是对规范的重申，也是对其他人的警告，让人们知晓好坏、对错的道德边界，清楚地看到越轨行为的下场，从而趋于约束自己，不敢轻易偏离社会规范。

在对越轨者实施制裁时，其他人也会意识到，自己的行为是符合规范的，对不符合规范的行为产生集体排斥，让反对越轨行为的群体变得更加团结。

2. 越轨行为带来某些规范与制度的变化

社会在不断发展，而有些规范和制度已过时，对人们的行为产生了一定的阻碍。此时，越轨者通过挑战陈旧的、僵化的规范和制度，让社会更好地进步。

3. 越轨行为可以为社会提供缓冲的余地

置身于社会之中，个人的某些需求可能无法得到满足。长此以往，就可能导致个体精神崩溃，或引发扰乱社会秩序的行为。从这一层面来说，容忍一定程度的越轨，可以给人们提供一条心理宣泄的途径，起到社会缓冲的作用。

> 从社会学角度来看，越轨行为可以直接或间接地引发一些正功能，如有助于明确社会规范、增进群体之间的团结、促进某些规范与制度的进步，为社会提供缓冲的余地。

社会学与生活

社会控制是怎么产生的?

E. A. 罗斯
（1866~1951）

" 美国社会学家、社会心理学家，代表著作有《社会控制》《罪恶与社会》《社会心理学》等。在社会学史上，罗斯率先提出'社会控制'的概念。"

1901年，罗斯在其著作《社会控制》一书中，首次从社会学意义上提出了"社会控制"的概念，这一概念的提出意义重大。

社会控制，是指社会组织动用社会力量，通过某种奖惩办法调节、约束个体或群体的社会行为，确保其遵守社会规范的社会机制。

罗斯认为，人的天性中存在一种"自然秩序"，它包括三个部分：同情心、互助性和正义感。人的这些"自然秩序"的成分，使得人类社会处于一种井然有序的状态，人们之间相互同情、相互帮助、相互约束，自行调节个人的行为，避免出现矛盾纷争，引发社会混乱。

到了19世纪末20世纪初，工业化、城市化迅速发展，这种自然秩序遭到了破坏。生活在陌生的环境中，社会交往的"匿名性"提高，人的价值观念与道德规范之间产生了强烈的冲突，"自然秩序"很难再对人们的行为产生约束效用，犯罪行为频繁出现。基于这一情形，罗斯提出人类需要一种新的机制对人或群体的行为进行约束，社会控制由此产生。

广义的社会控制，泛指对一切社会行为的控制；狭义的社会控制，特指对偏离行为或越轨行为的控制。罗斯指出，法律、信仰、礼仪、舆论、宗教、社会评价等，都属于社会控制的手段。

社会控制的手段：
- 法律 ● 信仰
- 礼仪 ● 舆论
- 宗教 ● 社会评价

E.A.罗斯
（1866~1951）

积极的社会控制，建立在积极的个人顺从动机之上，以倡导、鼓励等方式来预防违规行为的发生。消极的社会控制，则是指运用惩罚手段来制裁某些违规行为，是违规行为已经发生且产生了消极后果之后的控制，故而称之为"消极"。

画重点

工业化、城市化的迅速发展，使得人的价值观与道德规范之间产生了强烈的冲突，为了对个体或群体的行为进行约束，社会控制由此产生。社会控制有积极和消极之分，积极是指运用倡导和鼓励的机制预防越轨行为的发生，消极的社会控制是运用惩罚的手段制裁越轨行为。

哪些因素会阻止人们犯罪？

美国社会学家特拉维斯·赫希在《少年犯罪原因探讨》中指出，"人为什么会犯罪"是不需要解释的，而"人为什么不犯罪，或循规蹈矩、遵纪守法的行为，才需要我们去解释"。

赫希认为，人类具有动物性，因而天生就有犯罪的本能倾向，如果把文明的外衣拿掉，人人都会犯罪。多数人之所以不去犯罪，是因为有外在的社会控制机制存在。如果一个社会中的控制机制被削弱或消失，犯罪行为会不受抑制和约束，成为一种普遍现象。

基于这一点，赫希强调：**个人与社会之间的联结"纽带"至关重要，如果这条"纽带"足够强大，个人就不能随心所欲地违规；反之，个人就会无约束地发生越轨行为。** 那么，联结个人与社会的这条"纽带"，到底是什么呢？

在赫希看来，控制人们不犯罪的关键要素有四个，即依附、追寻、参与和信仰。他将其称为"社会键"，认为这些要素在阻止人们违反社会规范方面发挥着特殊的影响力。

1. 依附

一个人在情感上越是依附于家庭、学校或其他社会同伴团体，就越不可能走上犯罪的道路。依附对人而言，是一种心理上的牵制力。

父母为其成长付出的感情与心血，会让其在良心和理想方面形成调节行为动机的力量；对同伴团体的依附，也会让其在意同伴们对自身行为的看法和建议。

2. 追寻

如果一个人投入相当的时间和精力去学习，并树立高远的目标，那么他一定会考虑到实施犯罪行为对自身前途和未来生活的影响。

3. 参与

社会键理论认为，邪恶产生于懒人之手。一个人对事业或学业感兴趣，会心甘情愿地参与到与之相关的活动中，不会感到空虚无聊，也不会游手好闲，接触不良社会因素的机会大大降低，从而减少违法犯罪的可能。

4. 信仰

当一个人内心深处对社会的道德规范或法律的尊严充满认同时，内心会产生明确的是非观，以及强烈的正义感，就会强化个人的自我控制力，减少犯罪的机会。反之，不相信执法机关的力量，对社会规范心存疑问，就很容易踏进越轨行为的泥潭。

> **画重点**
>
> 如果个人与社会之间的联结"纽带"足够强大，个人就不能随心所欲地违规。赫希认为，控制人们不犯罪的"纽带"包含四个关键要素，即依附、追寻、参与和信仰。

谁把"越轨者"推向了不归路？

时常会听到有人说："不要给我贴标签！我不接受任何标签！"话语中传达的意思多数人都明白，但要详尽地解释一下"标签"的内涵，却不是每个人都能够讲出来。实际上，这里所说的"标签"，指某些人给另一些人所施加的符号或固定看法。

在社会学中，解释越轨行为产生的原因及其发展过程的理论，被称为"标签理论"。

标签理论根植于符号互动论，认为越轨行为是社会互动的产物。这一理论的关注焦点是越轨行为产生的过程，而不是越轨行为产生的原因。

标签理论认为，一个人之所以成为越轨者，是因为在社会互动中被周围人贴上了"越轨者"的标签，这些标签将他与"社会的正常人"区分开来。被贴"标签"的人，在不知不觉中修正了"自我形象"，逐渐接受社会对其的不良评价，认同他人的观点，导致越轨行为进一步加剧。

一位传道士在监狱里传福音时发现，有90%的犯罪嫌疑人曾被父母无数次地贴上过这样的标签："无论你怎么努力，到头来还是会回到监狱！"不断地听到这样的评价，多数犯罪嫌疑人会信以为真，即便是很有主见者,也难以做到不动摇。

　　一些孩子在家庭中鲜少得到关爱,学习成绩也不理想,故而经常以扰乱课堂纪律、戏弄同学等方式博得他人的关注。在处理这些孩子的行为问题时,有些老师或家长很武断地给他们贴上"不良少年""坏孩子"的标签,致使周围的同学更加排斥和远离他们。结果,这些孩子真的自暴自弃,认为自己"无药可救""没有人喜欢",就到社会闲散青年群体中寻求认同,最后成了名副其实的"不良少年"。

　　回想起来,每个人在成长的过程中都会有一些违规的行为,但只有被贴上"标签"的初级越轨者,才有可能走上"越轨生涯"。标签理论提醒我们,一个人是否犯罪或越轨,并不完全取决于其行为本身,也取决于周围人的看法。

　　当公众给个人贴上"越轨者"的标签时,对于真正的危险分子可以起到预防作用,但也会让那些"不是故意想要破坏社会秩序"或是清白无辜的人,陷入被孤立、被排斥、被歧视的处境。这就相当于给他们创建了一个"越轨者"的身份,在被他人歧视的过程中,他们会改变自我观念以及对社会的态度,最终被迫走上犯罪的道路。

标签理论认为，一个人之所以成为越轨者，往往是因为在社会互动过程中被人贴上了负面的标签，这个标签把他跟"社会上的正常人"区分开。被贴"标签"的人在不自觉中修正"自我形象"，并逐步接受社会对自己的负面评价，导致越轨行为进一步加剧。

犯罪行为是后天习得的吗？

埃德温·萨瑟兰
（1883~1950）

> 美国现代知名犯罪学家，'差异交往理论'的提出者。他认为，犯罪或者越轨行为和其他社会行为的学习过程是相同的。一个人之所以越轨或犯罪，是因为在行为人的思想观念中，支持犯罪行为的解说，远远超过支持遵纪守法的解说。

萨瑟兰在1939年出版的著作《犯罪学原理》中提出了"差异交往理论"，这是20世纪美国犯罪学三大经典理论之一，其他两个理论分别是"社会控制理论"和"紧张理论"。

差异交往理论认为，每个人与外在经验联结的方式不同，当习得在特定情境中倾向犯罪的"定义"多于不犯罪的"定义"时，便较可能在此情境中做出犯罪行为。

萨瑟兰认为，犯罪行为和其他行为一样都是后天习得的，一个人之所以犯罪或做出越轨行为，是因为在行为人的脑海中，支持犯罪行为的解说远远超过不支持的解说。

在对这一理论进行修订和完善后，萨瑟兰将差异交往理论的核心内容总结为九个观点：

（1）犯罪行为是通过学习获得的。

（2）犯罪行为是在与他人的交流互动中学会的，包括言语和形体动作。

（3）犯罪行为的学习主要发生在关系亲密的群体中，电影、报刊等间接的、非个人面对面的交流方式，对犯罪的影响相对较小。

（4）犯罪行为的学习包括犯罪技能、动机、合理化思考与态度（倾向犯罪vs反对犯罪）等。

（5）犯罪的特定动机和驱力，是从对法律赞同或不赞同的定义中学来的，即"在这种情况下，这个行为是好的/坏的/可以的/错误的"。当两种文化环境同时存在、相互交织时，就会在对待法律规范时出现冲突。

（6）当个体所处的环境中，赞同违法的观念压过赞同守法的观念，他就更有可能犯罪。这也是差异交往理论的基本原理，即一个人会犯罪，不仅仅因为他和犯罪的榜样接触过多，也因为他缺少与赞同守法的榜样接触的机会。

（7）犯罪行为的学习会因为交往频率、持续性、顺序和强度的不同而产生差别。

（8）学习犯罪行为的过程，不仅仅是模仿的过程，还包括其他的学习机制。

（9）犯罪行为是一般需求和价值的反映，但不能用这种反映来解释犯罪行为，因为非犯罪行为也是一些需求和价值的反映。

差异交往理论，诠释了"近朱者赤，近墨者黑"的效应，也为预防和矫正犯罪行为提供了思路：犯罪是后天习得的，因此可预防；将犯罪行为人重新置于不认可犯罪的环境下，他们就有可能摒弃原来的价值观念和行为取向，这是矫正犯罪行为的一种有效途径。

差异交往理论认为，犯罪行为不是天生的，而是后天习得的。这种学习的过程主要来自与亲密人群的交往。当一个人接触支持犯罪行为的观念，远远超过不支持犯罪的观念时，便很容易产生犯罪行为。

当社会价值观的导向发生了偏差

2018年6月28日,上海市世界外国语小学的校门口,发生了一起残忍的砍人事件。

犯罪嫌疑人在学生放学时,携带砍刀冲向放学队伍,造成2名学生身亡、1名学生和1位家长受伤。据悉,持刀砍人者没有精神疾病,且接受过大学教育,只因在上海找不到工作,故而产生了报复社会的心理,把刀砍向了毫无反抗能力的孩子。

这只是一个单纯的失意者报复社会的事件吗?不能完全这样说,虽然这一越轨行为是个人所为,有其自身的心理原因,但它其实也折射出了社会失范的影子。

社会失范,是指当社会规范不得力、不存在或彼此相互矛盾时,个人与社会所出现的一种混乱、不知所措的状态。社会失范分为两种,一种是个体的行为失范,另一种是社会的系统失范。

个体的行为失范,就是在个体层面上违反人们共同生活的社会公德或法律规范,如在公共场合大声喧哗、寻衅滋事,或是欺骗、抢劫、盗窃、行凶等。个体的行为失范,会对社会局部的正常运行产生影响,如干扰到周围的人,或是影响所住社区的居民。

社会的系统失范,是整个社会的价值和规范体系呈现出无序状

CHAPTER 06
谁来制约人的社会行为？

态，无法发挥出指导和约束社会成员思想与行为的功能，导致越来越多的社会成员产生越轨或反社会的行为。

人的欲望是无穷无尽的，贪婪、沉迷享受、追逐名利都是人的天性，这些天性需要靠社会定义的道德来抑制，一旦规则体系被破坏，社会就丧失了原有的疏通、引导人类欲望和需求的能力。在这样的情况下，个人失范行为越来越多，又会反向恶化社会的系统失范，两者互为因果，相互影响，最终陷入恶性循环。

> 当社会价值观的导向出现了偏差，社会制度的规范不再对人形成有效的约束和控制，会导致社会功能出现紊乱，个体的行为也偏离了正常的轨道，这种现象在社会学中被称为"社会失范"。

社会氛围过度强调成功会怎样？

罗伯特·金·默顿（1910~2003）

> 美国社会学家，科学社会学的奠基人，荣获1994年美国国家科学奖，被誉为'科学社会学之父'。他发展了埃米尔·涂尔干的失范理论概念，提出了犯罪学上著名的'紧张理论'，即如果社会氛围过度强调成功的结果，忽略达成目标的手段的合法性，个人就会产生紧张和压力，如果使用合法手段实现这些目标的努力受阻，人们就可能会尝试使用各种非法手段来实现这些目标。

涂尔干认为，社会失范通常发生在两个时期，一是社会急剧转型，经济陷入大萧条的时期；二是社会高速发展和上升，经济走向繁荣的时期。当社会的物质基础发生了变化，相应的道德、价值观以及社会规范也会发生变化，旧的社会规范不再适用于当下的社会模式，而新的规范又没有产生，此时社会就进入了一种"文化失范"的状态，这种文化失范很容易引发犯罪。

默顿于1938年提出的社会紧张理论，就是侧重于研究社会中个人目标与社会规范之间的文化平衡。

默顿认为，成功是美国文化中一种强有力的价值观，而成功又以拥有的金钱数量和物质财富作为衡量标尺，它鼓励每个人相信自己可以和其他人一样有获得成功的权利，且可以通过自身的努力去实现目标。

然而，碍于社会条件和经济现实，并不是每个人、每个群体都可以达到这种文化目标，所以强调达到目标的制度性手段就显得格外重要。如果过分强调这种文化目标，忽略达成这种目标的制度性手段，人们就会不择手段，实施越轨或犯罪行为。

> 人在很大的程度上会受到所处社会的价值观和态度的影响，如果用合法手段实现那些文化目标的努力受到阻碍，人们就可能会尝试用各种非法手段实现这些目标。

为什么会滋生暴力？

古斯塔夫·勒庞
（1841~1931）

" 法国社会学家、社会心理学家，群体心理学创始人，以对群体心理特征的研究而著称，广为人知的代表作是《乌合之众：大众心理研究》。他认为，'民族的精神'或'种族的灵魂'是整个社会生活的基础，民族或种族性格是社会进步的主要力量。在群集情况下，个体会放弃独立思考能力，让群体的精神代表自己的精神，同时也会放弃责任意识和各种约束，即使最有理性的人也可能会像动物一样行动。"

社会失范带来的负面影响是多方面的，其中最严重的莫过于滋生暴力。

暴力涉及两个层面，一是个体之间的矛盾冲突，二是群体性的暴力冲突。回顾历史事件不难发现，在社会失范的宏观层面上，经常会产生群体性的暴力冲突，规模越大、程度越深，越容易被关注；在微观层面上，国家、社会和群体的冲突中又包含着个体之间的冲撞。

暴力的危害不容小觑，这一点多数人都知道，可即便如此，为什么暴力仍在不断地发生呢？到底是什么滋生了暴力呢？不少学者从社会关系变动的层面对暴力滋生的原因进行研究，指出暴力的形成与三个因素密切相关，即身份认同、同化效应和暴力隧道。

> 群体是个不理性的集合体。处于群体中的成员冲动又多变，易受暗示而盲从，情绪夸张，偏执又专横。

● 身份认同

哥伦比亚社会学家查尔斯·蒂利在《集体暴力的政治》中指出，暴力的具体产生机制是"社会关系产生出社会身份的边界，在不断强化'我们—他们'二元对立的身份边界时，暴力情景被建构，进而引发冲突和群体暴力"。

诺贝尔经济学奖得主阿玛蒂亚·森在《身份与暴力——命运的幻象》中说得更加直白："身份认同可以杀人，甚至是肆无忌惮地杀人。在世界范围内，因为身份冲突引发的暴力似乎在越来越频繁地发生。"

当人们将所属的群体与其他群体进行比较时，如果对方比自己"过得好"，就很容易产生嫉妒和怨气。当对立的身份认同与特定的意识形态、价值取向等联系在一起时，可能会因歧视或偏见而滋生暴力。

● 同化效应

古斯塔夫·勒庞在《乌合之众：大众心理研究》中指出："个人

一旦进入群体中，他的个性便湮没了，群体的思想占据统治地位，而群体的行为表现为无异议、情绪化和低智商。当个体长期处于群体之中，群体的共同情感、目标和价值取向，会在一定程度上削弱个体对暴力的恐惧感，让人们在集体的狂热中获得一种安全感。"

由于"法不责众"的心理，不同个体聚成群体时，会做出平时个体不会或不敢做的行为。而且，群体行为容易受到暗示和传染，群体中的一个口号或行为，往往会对他者产生暗示和传染，让其产生强烈的模仿倾向。这种同化效应使群体更容易形成一致性的观点和行为，煽动情绪，在特定情形下滋生群体性的暴力行为。

● 暴力隧道

大多数个体之间的暴力，持续的时间很短，可如果有人围观的话，情况就不同了。为此，兰德尔·柯林斯提出了"暴力隧道"的说法，即大多数暴力持续的时间有限，但若有足够多的人围观参与，这条隧道就会变得又宽又长，观众就变成了隧道的建设者。

结合诸多的现实事件来看，社会一旦进入失范的局面，暴力就会不断滋生。暴力会给人留下难以磨灭的痛苦印记，还会影响到人与人之间的情谊与信任。所以，社会发展和前行的一项重要的任务就是避免社会失范，减少暴力的发生。

> 从社会关系变动的角度来看，暴力的形成与三个因素有关，即身份认同、同化效应与暴力隧道。大量事实证明，当社会进入失范的局面后，暴力就会不断滋生。

自杀是纯粹的个人行为吗？

互联网的普及，让我们每天都可以便捷地获取大量的信息，了解发生在世界各地大大小小的事件，其中也不乏一些负面的社会新闻。每每浏览到与"自杀"相关的消息时，多数人都会心头一紧，感叹一个鲜活的生命戛然而止。

提及"自杀"的原因，普通大众总觉得自杀者是遭遇了生活困境、心中郁结难解，抑或是患上了抑郁症，才会走上轻生之路。这种认识是从个体行为的角度出发的，有点偏于狭隘，缺少系统性和完整性，让我们看看社会学家是怎样分析的吧。

社会学家涂尔干通过实证研究，否定了精神错乱、酗酒、种族、遗传、效仿和自然环境等因素对自杀的影响，认为自杀是由社会因素引起的。他从自杀率的统计数据中发现规律，并按照导致自杀的社会因素将自杀分为四类：利己型自杀、利他型自杀、失范型自杀和宿命型自杀。

涂尔干认为，一种社会性动物不能像孤岛一样活着，需要与人发生联结。由此，他提出了"社会整合"的概念，即一个社会群体内部的紧密联系程度。

如果一个群体的成员之间有相似的信仰、频繁的互动，这个群体就有较高的社会整合度，所属群体的个体也会感觉自己和社会紧密相连，即使陷入逆境也不会轻易选择自杀。

了解了社会整合度之后，我们再来详细解读一下涂尔干提出的四种自杀类型：

- **利己型自杀**

当一个人与社会、群体之间的关系薄弱，无法很好地进行社会整合时，就会感觉到一种疏离感和孤独感，认为离开这个世界对自己而言是一种解脱，这就是所谓的"利己型自杀"。

- **利他型自杀**

当一个人过分地与社会融为一体时，个体性完全被个体的群体身份掩盖，个体完全是为群体而活。在特定的情况下，他们可能会通过牺牲自我，满足对群体的义务。曾经，有200人为了在印度南部建立一个独立国家特伦甘纳选择自杀；韩国有4个年龄在6~13岁的姐妹，服用老鼠药自杀，原因是希望减轻父母的经济负担，留下足够的钱给3岁的弟弟上学。

- **失范型自杀**

由社会混乱失序导致的自杀行为，就属于失范型自杀。在经济萧条、战争和饥荒时期，社会的混乱状态改变了人们的生活目标，让人们陷入无望与绝望之中，继而产生自杀行为。比如，在经济危机最严重的2007~2009年，希腊的自杀人数上升了19%。

- **宿命型自杀**

这类自杀的起因是对某一部分人的过度压抑与管制，让个体失去了生活的希望。比如，在一些农村地区，青壮年男性外出务工，留守的女性无法与丈夫一起生活，家庭纽带变得薄弱，情感压抑无法得到宣泄，也会增加自杀的可能性。

涂尔干认为影响自杀的真正原因不是个体因素，而是社会力量。他的自杀研究提醒我们，个体与社会之间是一种有机的关系，只有社会性与个体性保持平衡，人们才会处于一种正常的生活状态，从而不去诉诸自杀。

> 涂尔干认为，自杀是社会性和个体性没有达到平衡的结果，而不是个体行为。他按照导致自杀的社会因素将自杀分为四类：利己型自杀、利他型自杀、失范型自杀和宿命型自杀。

社会舆论是"天使"还是"魔鬼"？

2018年10月28日，重庆市万州区的一辆公交车与私家车碰撞后，不幸坠江。

事件一发生，立刻轰动全国和全网。有人爆料说，事故是因为开小轿车的女司机穿高跟鞋逆行所致。瞬间，"坠江事件＋女司机"就成了网络搜索的热门关键词。事态迅速发酵，各大媒体和大V都争相报道转发，女司机一时间被推到风口浪尖，遭遇了一片谩骂声。

重庆万州警方对事件进行了深入调查后，公布了公交车坠江原因。车内黑匣子监控视频显示，事故原因系乘客与公交车司机发生争执互殴，导致车辆失控，在行驶中突然越过中心实线，撞上了对向正常行驶的小轿车后，冲上路沿撞断护栏，随后坠江。

坠江事件真相大白了！那些一开始不断声讨私家车女司机的媒体、大V和千万网友们，有的悄悄删除了之前的不实报道，有的就当什么都没发生过，开始把批评指责的矛头指向公交车上情绪失控的乘客。可是，那个饱受舆论伤害的无辜女司机及其家属，却没有因为事件真相大白而感到欣慰，网络暴力对他们造成的伤害已经形成，甚至成了难以抹去的一道伤痕。

坠江事件已过去很久，却依然值得反思。有些人并不在意事情的真相，只是单纯地想利用"负面新闻"吸引眼球，谋得私利；更多的网友完全不了解事情的真相，只凭借道听途说就制造舆论导向，站在"道德"和"正义"的制高点上，认为自己手握真理和良知，对深陷事件中的无辜当事人进行尖刻的批判。

无论哪一种，都让我们看到了一个事实：个体的行为会受到社会的影响，在社交网络急速发展的今天，从前只存在于街坊邻里之间的小舆论，已经被无限放大成整个社会的大舆论。舆论的能量不容小觑，它可以像"天使"一样拯救一个人，也可以像"恶魔"一样毁了一个人。

社会舆论，是指相当数量的公民对某一问题的共同倾向性的看法或意见，其精神内核是群体意识，通常以拥护或反对、赞扬或谴责的方式对某一公共问题进行公开的评价。

社会舆论的形成，大致可以分为三个阶段，即问题的发生、引起议论、意见的归纳与综合。社会舆论不同于个人意见，它是在一定范围的群体内形成的一种公共意见，具有如下特点：

（1）被社会上绝大多数人所认同，能够产生心理共鸣。
（2）经过相当长时间的讨论和辩论，最终形成的意见综合体。
（3）有时是一种合理的判断，有时是纯粹的感情冲突。
（4）起初来自少数人的意见，经过讨论得到多数人赞同，成为社会上的主要意见。
（5）舆论形成后会产生社会效力，对人的行为产生社会影响。

社会舆论对个体或群体行为的影响很大，且有积极和消极之分。

舆论一旦形成，往往会对人们关于某件事情或问题的言行产生一种无形的控制和约束作用。 由于舆论代表公众的意见，会给个体带来一定的心理压力，因而可以指导个人的言行，使其与舆论表达的公众意见相一致，有助于增强群体的团结性，纠正不正当的意见。

事物都有两面性，社会舆论也有消极的作用。**如果舆论建立在错误的认知**

社会舆论的作用

积极作用
- 控制
- 约束
- 协调
- 指导

消极作用
- 认知偏差
- 行为偏差
- 被利用
- 消极误导

上，就会误导人们的认知和行为。由于舆论有强大的社会影响力，也可能会被别有用心的人利用，从而让人们的言行朝着错误的方向前进，甚至会影响社会秩序。

在互联网时代，信息的传播与发酵速度超出我们的想象。当事人之外的每个人都是社会舆论的制造者与传播者。对当事人来说，社会舆论可能是"天使"，也可能是"恶魔"。在不清楚事实与真相的情况下，希望我们都可以保持理智的头脑和善意的心，不要成为推波助澜的"恶魔"，让可能原本无辜的人丧失正常的生活，乃至对生活的信心。

> **画重点**
>
> 社会舆论代表公众的意见，会给个体带来一定的心理压力，有助于指导个人言行，纠正不当意见，增强群体团结性。但是，如果舆论建立在错误的认知上，也会误导人们的认知和行为，或是被别有用心的人利用，影响社会秩序。

CHAPTER 07

文化究竟意味着什么?

SOCIOLOGY AND LIFE

祛魅是人类的"梦醒时分"

在文艺复兴和宗教改革以前,欧洲大陆一直处在天主教会的神权统治之下。教会控制着人们的精神,不允许任何违背宗教的价值体系存在,就连科学也包括在内。经历了文艺复兴与宗教改革之后,天主教会的精神垄断被打破,西方开始进入到理性化的历程中,人类迎来了"梦醒时分"。

"世界的祛魅"导致"诸神之争",使价值多元化,人们面临诸多选择的困惑。

马克斯·韦伯致力于研究西方社会的理性化历程,他认为理性化历程的核心就是"世界的祛魅",即人们不断将宗教世界观、宗教伦理生活中一切带有巫术性质的东西视为迷信与罪恶加以祛除,从巫魅中解放出来,获得自己理解世界、控制世界的主体性地位。

CHAPTER 07
文化究竟意味着什么？

1919年，韦伯在《以学术为业》的主题演讲中，对"世界的祛魅"做了清晰的阐述："只要人们想知道，他任何时候都能够知道。从原则来说，再没有什么神秘莫测、无法计算的力量在发挥作用，人们可以通过计算掌握一切，而这就意味着世界的祛魅。人们不必再像相信这种神秘力量存在的野蛮人一样，为了控制，或祈求神灵，或求助于魔法，而是技术和计算在发挥着这样的功效，这比其他任何事情都更加明确地意味着理智化。"

在前现代的传统社会，人们相信世界是一个有意义的体系，世间所有事件的安排都有其内在根据和理由，都可以在某种神圣的秩序里发现和确定自己的位置。祛魅拉开了现代社会的序幕，神圣的超越世界崩塌，人代替超越之物成为自己精神的主宰；世界不再是一个充满迷魅或巫术的存在，而是人的理性完全可以把握的因果机制。

说到这里，有一个问题值得思考：科学是不是万能的呢？

尽管人类社会近百年来的发展离不开科学，它为我们创造了数不清的福祉。但是，科学只是世界的一部分，它并不是万能的。韦伯在《以学术为业》中鲜明地指出，科学不涉及终极关怀。对于有些问题，甚至是极为重要的问题，科学无能为力，比如：什么是"幸福"？什么是"意义"？所以，只用科学这一工具来丈量世界，无疑是片面的。

> **画重点**
> "世界的祛魅"过程，是世界从神圣化走向世俗化、从神秘主义走向理性主义的过程。

文化的本质是一种观念形态

科学技术的每一次重大突破，都会引起生产力的深刻变革，开创人类文明的新纪元。科学是撬动文明的杠杆，而文明又通过文化的形式来呈现。这里说的"文化"，不仅仅指文学、绘画、音乐、哲学等高级形式的文化，也包括人类日常生活中的言语和行为。

文化是一个社会的全部符号。

我们在符号互动论里讲过，社会可以被视为一个由人创造和使用的符号的总和。人们赋予各种事物各种意义，符号是承载这些意义的记号，包括色彩、图案、声音、节奏、动作和语言等。一个社会中的全部符号，统称为"文化"。

文化的本质是一种观念形态，但其作用并不限于观念形态和精神领域，人们的经济生活、制度设计、行为方式和日常生活都具有特定的文化内涵。

那么，文化都有哪些作用呢？

- 传递文明

文化与器物不同，它可以延续且泽及后人，让个体在较短时间内掌握人类过去长期积累的经验、知识与文化观念。倘若没有这种教化，一切"从头开始"，恐怕我们现在仍是原始人。

CHAPTER 07
文化究竟意味着什么？

- 规范行为

每一种文化都代表着历史沉淀下来的，并被特定社会、一定群体所共同认可、遵循的行为规范，通过家庭启蒙、学校教育、社会示范、社会舆论等文化手段，对人的行为进行约束和指导。如果个体明显背离生活于其中的文化环境，其生存就会陷入困境。

- 促进社会团结

作为价值体系和行为规范，文化提供了是非对错、好坏善恶等社会标准，并借助社会教育而内化成个体的是非感、正义感、羞耻感和责任感等，从而提高人们的道德情操、认知水平和文化认同，促进社会团结。

> **画重点**
>
> 社会被视为一个由人创造和使用的符号的总和，一个社会中的全部符号可以统称为"文化"。文化有传递文明、规范行为和促进社会团结的作用。

亚文化：读懂年轻人的突破口

几年前，一个名叫"洛天依"的歌手举办首场演唱会，售价1280元的门票仅仅上架3分钟，就被一抢而光，而这场演唱会的独家网络直播的观看人数超百万。

正在阅读本书的你，可能对"洛天依"早有耳闻，也可能从来没有听说过这个名字，甚至此刻还在纳闷：这位歌手是哪里人？我怎么从来没有听过呢？其实，有这样的疑惑也是正常的，因为"洛天依"并不是真人歌手，而是用3D技术与其他技术合成的虚拟歌手。

答案揭晓的这一刻，是不是感觉更惊诧了？甚至忍不住感慨，怎么越来越读不懂现在的年轻人了？其实，这并不能怪"你"，毕竟这样的情形在许多人的生活和主流媒体中是少见的。想要了解推崇虚拟歌手的年轻人，就得先读懂不同于主流文化的亚文化。

亚文化，是指在主流文化或综合文化的背景下，属于某一区域或某个集体所特有的观念与生活方式。亚文化的主要特征体现在三个方面：与主流文化不同、局部小众的、有独特的圈子概念，也被称为"次文化"。

美国学者大卫·雷斯曼在谈及主流文化与亚文化的差别时，将亚文化诠释为具有颠覆精神。他认为，大众是消极地接受了商业所给予的风格和价值的人，而亚文化的受众是积极地寻求一种小众风格的人。换言之，主流文化的受众是被动的，亚文化的受众是积极主动的。

CHAPTER 07 文化究竟意味着什么？

亚文化缘起的原因

- **社会** 发展中的结构性矛盾产生了不同的亚文化
- **渴望** 认同与归属的心理推动亚文化的壮大
- **互联网** 媒体技术提高，人与人的沟通更加便利，从而推动亚文化发展
- **文化** 流动性与包容性增强，让亚文化多姿多彩

朋克文化
嘻哈文化

亚文化的本质是一种更主动的文化圈子。人们一旦有了自己的亚文化圈子就会着迷，个体在受到亚文化圈群体的认可后，行动意愿会变得更加强烈，对群体的依赖性也更高。

> **画重点**
>
> 亚文化是指与主文化相对应的非主流的、局部的文化现象，它直接作用或影响人们生存的社会心理环境，能赋予人一种可以辨别的身份，以及属于某一群体或集体的特殊精神风貌和气质。

那些"圈内人"才能读懂的隐语

如果你知道"火星文",接下来的测试你就可以跳过。如果你是头一次听说,那么我建议你亲自体验一下,以便获得更深刻的体验。

Step1:打开浏览器页面,搜索"火星文生成器"。

Step2:选择一款"在线工具"并打开。

Step3:选择"中文简体转火星文",任意输入一句话。

Step4:点击"转换"按钮,欣赏"火星文"。

我输入的内容是"什么是火星文"。

转换后的内容是"什庅湜焱暒妏"。

上面这些看起来奇奇怪怪的文字,就是不少网友们曾经普遍使用的"火星文",也是专属于他们的"隐语"。

隐语,是指一个群体的专属语言,也是亚文化群体中一种独特的行为模式。

隐语是让亚文化群体中的成员——"圈内人"——能够理解的带有特殊意义的字句,同时也建立了让"圈外人"无法理解的沟通形态。互动论的社会学家指出,语言和符号会给亚文化提供强大的凝聚力,让群体内的成员得以保持对亚文化的认同。

这样的情况不只出现在网络中,现实生活中也是存在的。

警察在破案过程中发现，入室盗窃者们在踩点时，也会使用"隐语"来做记号，那是属于他们的"暗号"，普通民众就算看到也只当是胡写乱画，不知其意。后来，警察对盗窃团伙的"隐语"进行破解并公之于众。我们不妨了解一下入室盗窃者常用的一些"隐语"符号，提高一点防范意识：

"＋－"：家里白天有人，晚上没人

"－＋"：家里白天没人，晚上有人

"……"：家庭成员三人

"☆"：目标

"×"：非目标

"√"：已进入过

> 隐语是亚文化群体中一种独特的行为模式，互动论的社会学家指出：语言和符号会给亚文化提供强大的凝聚力，让群体内的成员得以保持对亚文化的认同。

不文明现象都是道德问题吗？

威廉·奥格本
（1886~1959）

> 美国社会学家，关注并侧重研究社会变迁问题，代表著作有《社会变迁——关于文化和先天的本质》《文化和社会变迁论文集》等。他认为，社会变迁是一种文化现象。如果把文化分为物质和精神两个层面来看，精神层面的发展总是滞后于物质层面的发展。为此，在社会变迁的过程中，物质文化与科学技术的变迁速度往往是最快的，而制度与观念部分的变化比较慢，为此常常会出现'文化滞后'的现象。

奥格本在1923年出版的《社会变迁——关于文化和先天的本质》中，首次提出了"文化滞后"的概念，用来阐述在社会变迁过程中，由于各部分变化的速度不同而产生的种种问题。

文化并非静止不动的，而是时刻处于变化之中。按照辩证唯物主义的观点，在社会变迁的过程中，"物质文化"会先于"非物质文化"发生变迁，且"非物质文化"在发生变迁时各部分的变迁速度也不一样，由此产生了文化滞后。

改革开放以来，我国社会经济得到了空前的发展，并取得了瞩目的成就，贫困地区的落后面貌也有了明显的改善。可是，由于物质文化与非物质文化发展不同步，以及贫困地区的传统文化根深蒂固，人们的思想相对封闭落后，因而文化滞后的现象比较突出。

当原本封闭的状态被打破，外来文化不断地渗透进来时，一些不良文化也随之而来。当充满凶杀、色情内容的画报、书刊、音像制品流入贫困地区的文化市场，面对纷繁复杂的文化差异，青少年的好奇心和模仿欲被激活，很容易诱发越轨行为。

文化滞后是社会变迁中不可避免的一种现象，它与个人道德修养密切相关，但又不完全等同于道德修养。有些人会自觉地意识到这种文化落差的存在，并主动地缩减这种差距，可即便如此，也无法完全避免由文化发展差异导致的文化滞后现象。

面对社会变迁中的文化滞后现象，我们一方面要理性看待，另一方面也要直面问题，通过社会整合与社会改革压缩文化滞后进程，使非物质文化的发展尽可能地适应和跟上物质文化的发展步伐，而改变的关键就在于制度建设与执行。

> 在社会发展过程中，物质文化的变迁必然会引起非物质文化的变迁。物质文化与科学技术的变迁速度较快，制度与观念部分的变化较慢，由此便出现了文化滞后的现象。

独在异乡，逃不过的文化休克

来中国之前，卡洛琳的内心既兴奋又紧张，一方面憧憬新的环境、新的事物，另一方面又担心语言不通、无法听懂课堂知识、饮食不适应。来了中国之后，经历了一段短暂的兴奋期，她便开始感到焦虑和时不时的"不习惯"，有些想念祖国和家人，怀念家乡的食物。这一阶段很难熬，大概持续了半年，卡洛琳才从低迷的状态中走出来。

小C是一位中国姑娘，两年前赴泰国担任汉语志愿者。临行之前，她和卡洛琳一样感到兴奋和紧张，可是抵达泰国之后，她的兴奋感瞬间全无，因为真实的环境和生活与她想象的完全不一样，这让她产生了严重的不适应感。这个阶段持续了一周左右，她开始调整自己的心态和状态，很快就进入了适应期。然而，半年之后，小C感到很疲惫，又开始思念家乡。好在，这个阶段也只持续了半个月，小C又重整状态投入到志愿者生活中。

上述的两个案例，只是留学生群体的一个缩影，他们在跨文化交际的过程中，多半会遇到"文化休克"的问题。这个词语听起来有点儿怪异，毕竟"休克"通常是指人体重要功能的丧失，如身体失血过多、呼吸衰竭等，将它与文化联系在一起是指代什么呢？

1958年，美国人类学家奥伯格首次提出"文化休克"的概念，是指一个人进入不熟悉的文化环境中，因失去熟悉的所有社会交流的符号与手段而产生

的一种迷失、疑惑、排斥甚至恐惧的感觉；它反映的是个体由于处在社会性隔离状态而导致的焦虑与抑郁状态。

身在国外的留学生对文化休克的体验尤为真切，只是有些时候当事人并不知道自己正在经历或是曾经经历过文化休克。文化休克从开始到结束，其实就是一个适应新文化的过程。

大体来说，文化休克可能会让人体验到以下几种感觉：

（1）怀疑感：对自己的选择产生怀疑，不知道这样做对不对，质疑自己的能力。

（2）孤独感：对周围的事物感到厌烦，内心孤独寂寞，提不起精神。

（3）思乡感：对家乡和亲友产生强烈的思念之情，精神难以集中，每天都想和家人联系。

（4）愤怒感：整个人变得神经质、易激惹，认为所有烦恼都源于新环境。

（5）疲惫感：为了不断地进行心理调适耗费大量精力，整个人感到很疲惫。

（6）无助感：由于无法适应新的环境，产生无能为力的感觉。

文化休克有一条发展曲线，其主要特征是分为四个不同阶段的循环模式：蜜月期、沮丧期、调整期和适应期。

- 蜜月期

对新环境、新文化感到着迷，心理上有一种难以掩饰的兴奋感，抱着浪漫的态度欣赏新旧文化之间的差异，这一阶段通常在几周或几个月后结束。

情绪 / 时间

1 蜜月期
2 沮丧期
3 调整期
4 适应期

- **沮丧期**

当发现自己不得不应对生活中的现实问题时，最初的兴奋感被失望、失落、焦虑和沮丧替代。奥伯格将这一阶段描述为"病危期"：如果能够克服，就可以留下来；如果无法克服，就会在精神崩溃前离开。

- **调整期**

经历了一段时间的沮丧和失落后，人们慢慢找到了适应新文化环境的办法，了解当地的风俗习惯，理解新文化里的优点，并建立起一套日常生活流程。

- **适应期**

沮丧、烦恼、焦虑逐渐减少，基本适应新的文化环境与当地风俗，可以自如地生活。

在跨文化交际的过程中，并不是每个人都会经历"文化休克"的四个阶段，也不一定都是按照"蜜月、沮丧、调整、适应"的阶段依次进行，有可能是螺旋式地发展，或是几个阶段并存。

文化休克是一个沮丧和消极的过程，但也是一个绝佳的成长机会。我们要以积极的心态看待新体验，敢于跳出舒适区，对新文化秉持开放的态度。

认识和了解他国的人民是消解文化休克有害效果的一个重要途径，为此我们要学习当地语言，但这并不意味着要放弃自己的文化。正如奥伯格所说："理解他人的生活方式很重要，但这并不意味着要忘记自己的文化，重要的是建立两套不同的行为方式。"

> 文化休克，是指一个人进入到不熟悉的文化环境中，由于失去熟悉的所有社会交流的符号与手段而产生的一种迷失、疑惑、排斥甚至恐惧的感觉。文化休克有一条发展曲线，可分为四个不同阶段的循环模式，即蜜月期、沮丧期、调整期与适应期。

贫困只是因为物质资源匮乏吗？

贫困文化，是从社会文化的角度解释贫困现象的理论。

这一理论认为，穷人因为贫困而在居住等方面形成独特的生活方式，这种生活方式促进了穷人间的集体互动，使他们与其他人在社会生活中相对隔离，从而产生出一种脱离社会主流文化的贫困亚文化。

20世纪50年代，美国人类学家奥斯卡·刘易斯出版了《贫困文化：墨西哥五个家庭一日生活的实录》。在这本著作中，刘易斯指出："贫困"是一种次生文化，这种文化会传承和循环。长期在贫困文化中的人，深陷于丧失教育、缺少支援的境地，在这种环境下成长起来的下一代，会自然地习得这种贫困文化，于是就产生了贫困文化的代际传递。

刘易斯的贫困文化理论，倾向于贫困的个人责任论，确信个人无法控制生存的环境，为此也遭到了不少学者的批评。学界认为，这一理论缺少可靠可信的实证证据支持，夸大了穷人与其他人在文化上的差异。实际上，穷人本身并不是同质性很强的群体，各群体观念与行为上的差异是社会地位的反映，贫困文化理论并没有解释穷人贫困的起始原因，而是将一种特有的"穷人文化"视为穷人无法脱贫、向上流动的原因，有"谴责受害者"的意味。

CHAPTER 07
文化究竟意味着什么?

画重点

刘易斯的贫困文化理论认为,贫困并不只是物质资源的匮乏,更是由此导致的阻碍穷人改变自身境遇的文化价值观。

CHAPTER 08

如何远离消费主义的陷阱？

SOCIOLOGY AND LIFE

消费主义的宣言：
消费＝享受

网络上曾经报道过这样一则新闻："'90后'女护士欠几十万网贷被赶出门，为维持精致生活月花数万。"故事的情节并不复杂，没有高利贷，也没有诈骗，就是一个年轻女性为了维持所谓的"精致生活"，从正规贷款机构屡次借贷。在母亲为其偿还了23.8万元的债务后，她又去借贷，最后被母亲告知：你不是我女儿，你是领养的。

这位年轻的姑娘只是普通的工薪族，每月拿着几千块钱的工资，但她崇尚并追求的生活是这样的：上下班只坐网约车，中午吃饭叫外卖，路过星巴克必买；休息日从不在家待，约上朋友吃饭、唱歌、泡酒吧；只要喜欢的东西就想买下来，几年时间换了十几块手表……尽管每次的支出不是很多，但频率很高，一天下来自然就成百上千。长此以往，就变成了无法承受之重。

这样的故事并不是个案，它戳中了当下不少年轻人的痛处：出门一定要打车，买包一定要奢侈品牌，手机非苹果不用，家电一定要选戴森……单纯去看每一项选择，倒也无可厚非，人人都有自己的喜好和需求，也有资格和权利去满足自己。不过，这里有一个重要的前提：消费能力与选择相匹配，如果所购的物品、所选的生活方式超出了自身可承受的范围，习惯通过"买买买"来获得快感与身份的认同，就有必要思考一下——是不是落入了"消费主义的陷阱"？

消费主义，是指人们毫无节制、毫无顾忌地消耗物质财富与自然资源，把消费当成是人生最高目的的消费观与价值观。

　　消费主义是一种价值观念与生活方式，以过度消费、超前消费、奢侈消费和攀比消费作为人生价值的体现，把消费活动视为实现自我个性、寻求身份认同的主要途径。它鼓励人们高消费、超前消费，提倡及时享乐，大大刺激和释放了人的物质欲望，让人沉溺于消费活动，似乎人生的一切意义都要通过对商品的消费和占有来体现。

那么，消费主义是怎么产生的呢？
有学者认为，消费主义是由资本的内在逻辑决定的。
资本具有逐利性，生产和消费是资本增值的手段，为了追求经济的增长，自然就要生产愈来愈多的产品。"二战"以后，各国大力发展经济，社会财富大量增长，资本对利润的追逐也变得更加猛烈。同时，民众的消费能力也在提高，对产品的需求变得多样化，对产品的质量有了更高的要求，促使企业不断推陈出新，生产商与销售商都在进一步为消费主义推波助澜。

当互联网开始盛行后，电商平台拥有了智能的算法，向每位用户提供精准的推送。消费金融行业也日渐成熟，给消费主义提供了充足的养料。

在这样的环境下，年轻人即使没有高收入，也可以轻松获得数千或数万元的消费额度，享受超前消费。随着网红文化、短视频的流行，各种消费场景映入城市青年群体的眼帘，使他们在潜移默化中接受并认同了消费主义的价值取向与生活方式。

消费主义为推动社会经济的增长做出了贡献，满足了消费者对物质的各种需求，但其危害也不容小觑。消费主义强调的是消费和占有物质，以追求最大的物欲享受为旨趣，并将这种挥霍性的消费主义包装成"个性自由"，让人们的欲望不断膨胀、不断升级，购买行为变得愈发频繁和疯狂，却带不来实质性的满足与幸福。

> 消费主义，是指人们毫无节制地消耗物质财富和自然资源，将消费视为人生最高目的，以追求最大的物欲享受为旨趣。在消费主义的怂恿下，人们的欲望不断膨胀，购买行为变得愈发频繁和疯狂，却无法获得真实的满足。

消费主义的"陷阱"是什么?

消费主义的"陷阱"主要体现在三个方面:消费异化、创造需求和行为上瘾。

1. 消费异化

消费本是满足人们需求的手段,消费主义却将人们变成了消费的奴隶,想要通过消费来证明自己的存在,借由消费体现自己的社会地位与身份。

2. 创造需求

上班原本只需要穿着得体,但消费主义却反复强调"用什么牌子的产品,就会成为什么样的人"。于是,不少职业女性为了打造"形象",即使超出自身经济能力,也要去买香奈儿、LV和爱马仕。消费主义还营造了许多美好的假象,抛出诱饵——"只要我买了……我就可以……"

其实呢?匀称的身材,只需要健康的饮食和规律的运动,不需要高档的运动内衣、瑜伽服与跑鞋;写一手漂亮的字,只需要日复一日地临摹和书写,不需要iPad、类纸膜、笔尖套……这些需求都是被消费主义创造出来的,你不能指望靠它们变得更好,能让你变好的是踏实的付出。

3. 行为上瘾

从某种意义上来说,刷屏时代的用户,都是产品设计者的"猎物";产品不可或缺的一大要素,就是让用户养成习惯,产生依赖性。

著名的"奶头乐"战略,就是创造令人沉迷的消遣娱乐与刺激感官的电子产品,填充人们的生活、转移情绪。逛购物平台、打游戏是消费商品,刷视频、浏览新闻是消费内容，一旦在这些事物上投入过多的时间和精力，很容易行为上瘾，落入隐蔽的"消费主义陷阱"。

消费主义与焦虑情绪，往往是相伴而生的。因为焦虑而依赖消费主义，因为消费主义而产生焦虑。最终结果就是，控制不住自己的消费欲望，忍不住"买买买"，享受花钱支付的短暂快感，超前消费透支自己的积蓄，最后面对负债而又感到无比焦虑，造成一种恶性循环。

如何远离消费主义的陷阱呢？这里有两条建议：

第一，对自己的消费观念进行反思和调整，树立正确的消费观念，制订合理的消费计划与储蓄计划，避免盲目消费和过度消费。

第二，不盲目跟风，限制社交媒体的使用时间，减少广告和营销信息带来的消费欲望。

作家林清玄说过："真正的生活品质，是回到自我，清楚衡量自己的能力与条件，并在这有限的条件下追求最好的事物与生活。"

愿我们都能够保持清醒，远离消费主义的陷阱。

> 消费主义的陷阱体现在三个方面：一是消费异化，让人们借由消费来证明自己的存在，体现自己的社会地位与身份；二是创造需求，营造美好的假象，让人们误以为拥有了某种产品就可以拥有某种生活状态；三是让用户养成习惯、产生依赖性，在消费上投入大量的时间和精力。

你买的是物品的使用价值吗?

让·鲍德里亚（1929~2007）

> 法国哲学家、社会学家、后现代理论家，撰写了一系列分析当代社会文化现象、批判当代资本主义的著作。他在1976年出版的《象征交换与死亡》，被公认为是后现代理论与文化研究的最经典的代表作；另一部著作《消费社会》，从消费的意义上解释了时下的社会，成为法国后现代主义学界批判、理解消费社会的思想基础。

不少人认为，消费就是对物的占有、使用和消耗；物品之所以能被消费，是因为它具有使用价值，消费与人的需要紧密相连。对此，鲍德里亚却有不同的看法，并提出了"符号消费"的理论。

符号消费理论认为，物的真正价值在消费社会中是非功能性的，人们购买物品不是出于使用价值，而是出于符号价值。换言之，人们不是对具体的物的使用功能有所需求，而是对商品所赋予的意义有所需求。

鲍德里亚在《消费社会》一书中指出："在消费社会中，我们消费的并不是物的有用性，而是通过消费体现自己的社会地位与身份的过程。消费趋于符号化最主要的目的，就是区分社会身份和社会地位。在一定程度上，符号的消费会被理解为一个人能力与层次的外在表现。"

在物资稀缺的时代，拥有商品的多少体现着人与人之间的差距，有钱的人可以购买更多的商品，让自己的家看起来更充裕。而今，物质短缺的时代已成为历史，人与人之间的消费区别也不再以数量来体现，而是以产品符号来体现。

> 鲍德里亚认为，消费者购买的不再是物的使用价值，而是符号赋予商品的价值和意义。在这个过程中，人的需求是由消费定义和建构的，人们通过买东西来建构个性，确立等级和所属群体，找到自己的身份认同与安全感。

被"符号"绑架的炫耀性消费

托尔斯坦·邦德·凡勃伦
（1857~1929）

> 美国经济学巨匠、制度经济学鼻祖，最负盛名的代表著作是《有闲阶级论》。他是较早重视消费问题研究的经济学家，提出了著名的'凡勃伦效应'，即商品的价格定得越高，越能受到消费者的青睐，反映人们进行挥霍性消费的心理愿望。

符号消费的本质，其实是文化消费。

有些人倾向于购买各种奢侈品、顶级的电子设备，其消费目的并不是看上了消费物本身的使用功能和使用价值，而是在购买这些商品的过程中可以获得一种身份快感，是奢侈品上附带的符号象征所代表的文化意义。

上班族小雪，月收入8000元。前不久，她刷掉辛苦攒了两个月的工资，买了一个1万多元的包。她说，公司里的女同事眼睛都很"毒"，见面第一眼就看你穿什么鞋子、背什么包。和套装比起来，包每天都要背，背上几年也不过时，虽然自己这两个月没买衣服，天天吃简餐，可还是觉得入手这样一个奢侈品牌的包包是值得的。

符号消费理论告诉我们，奢侈品就是让人们为其功能以外的符号付出更多金钱的商品。所以，奢侈消费的另一个深层次内涵就是炫耀性消费。**凡勃伦在《有闲阶级论》中这样释义"炫耀性消费"：消费是为了跟上身边朋友和邻居的消费水平，和为了让他们的朋友和邻居嫉妒。**

鲍德里亚说："我们在符号的掩护下并在否定真相的情况下生活着。"放眼望去，符号消费在今天依旧如火如荼，无论是花费巨资打造的奢侈品广告，还是博主大V的带货直播，或是贩卖焦虑的知识付费，都在诱导我们通过符号价值来实现自我认同。

在经济条件允许的情况下，为了凸显身份地位、标榜个性购买奢侈品无可厚非。若只是为了彰显"面子"，进行与自身经济实力不相匹配的消费，导致生活质量严重下降或负债累累，就得不偿失了。

选购了一双百搭的鞋子。

经济富足前的自己

选购了一双更流行更有面子的鞋子。

经济富足后的自己

鲍德里亚提醒我们，想要不被消费社会异化，就要保持理性而清醒的头脑，坚持自身真正的"个性"——表现自身个性时，不要局限于身上的各类商品符号，要挖掘自身的内涵。

我们很有必要认真地思考一下到底该如何消费。哪些东西是自己真正需要的？什么样的生活是自己真正想要的？只有找寻到真实的自我，明确真正的需求，回归现实生活，才能恢复主体意识和主体人格，不被消费符号绑架。

CHAPTER 08
如何远离消费主义的陷阱？

> 奢侈品是让人们为其功能以外的符号付出更多金钱的商品，奢侈消费的另一层内涵就是炫耀性消费，人们通过奢侈品的符号价值来实现自我认同。

消费中不可忽略的示范效应

莉娜约了新同事晓鸥一起逛街。

到了商场以后，莉娜发现晓鸥花钱特别爽快，虽然拿着和自己一样的工资，可买的化妆品都是大品牌的，衣服的价格也都是四位数。这让莉娜感觉有些尴尬，她不好意思去看两三百块钱的打折衣服。晓鸥比莉娜小几岁，莉娜觉得如果今天自己什么都不买，或者买点儿打折的便宜东西，多少会显得有些寒酸。

就这样，莉娜一狠心，花了半个月的工资，给自己买了一件连衣裙。可是，回到家以后，莉娜就有点后悔了。晓鸥是单身，住着自家的房子，每个月只要承担一个人的生活费就行了。莉娜去年刚结了婚，每个月都要还房贷，现在一下子花掉了半个月的工资，着实让莉娜觉得有些心疼，还引发了强烈的焦虑感。

你有没有遇到过和莉娜类似的情况：当身边的人购买了某种商品，自己也会受到影响，继而购买该商品？其实，遇到这种情形的人并不是少数，万事达国际组织曾经对来自亚太地区的5406位消费者进行过调查，结果显示：有16%的消费者在消费方面受到同龄人的影响；11%的消费者受到媒体的影响。

消费者在认识和处理自己的收入、消费及其相互关系时，会不自觉地和其他消费者比较，以认定自己的所属。这个时候，其他消费者对这个消费者的影响，称为"示范效应"。

人们的消费行为不仅仅受收入水平的影响，还受到收入与自己相近的人的消费行为的影响。这些人的行为具有示范效应，在看到他们因收入水平或消费习惯的变化而购买高档消费品时，哪怕自己的收入没有变化，也可能会效仿他人扩大自己的消费开支。

就像上文提到的莉娜，在看到与自己收入差不多的同事晓鸥给自己买东西时那么爽快，消费心态受到了很大的冲击，致使她开始效仿对方的行为。可是，冷静下来之后，莉娜却感到有些后悔，觉得自己的消费行为太不理智了。你可能也有过类似的体会，甚至在事后询问自己：为什么我要效仿他/她呢？

消费者对某种商品的需求，取决于其他消费者对这些商品的需求，这也就是消费的示范效应。消费者在认识和处理自己的收入与消费及其相互关系时，会跟其他消费者进行比较，其消费支出会受到周围其他消费者的影响，即他认为自己属于的那一类人。

一个年轻女孩可能会跟她的朋友、同事穿同类型的衣服，做同款的发型，用同类的电子产品，但绝不会跟自己的妈妈、阿姨穿同类的衣服。因为消费者中包含着许多群体，多数消费者都会自觉或不自觉地把自己算在一定的群体内，其消费就会朝着这个群体内的其他人看齐。

示范效应的影响力是很大的，甚至可以跨越国界。

当某一国家的居民接触到其他国家居民购买高档消费品时，也可能会仿效别国居民而改变自己的消费习惯。这也意味着，消费的示范效应会造成低收入水平国家居民的消费需求远远超出他们的正常水平，从而导致储蓄不足和国际收支严重逆差等问题。

对个体来说，在消费时也当多一份理性，不要盲目跟风。现下有不少年轻人把工资都用在买网红产品上，看见视频直播上的模特穿得很好看，销量火爆，心里就"种草"了，只有买了才不惦记。入手一件物品之前，根本不去想自己是否真的需要，这件东西对自己是否有价值；疯狂地"买买买"时觉得很满足，直到看见账单才发现，已经严重透支了。

《乌合之众：大众心理研究》里有这样一段话："群众没有真正渴求过真理，面对那些不合口味的证据，他们会充耳不闻……凡是能向他们提供幻觉的，都可以很容易地成为他们的主人；凡是让他们幻灭的，都会成为他们的牺牲品。"但愿我们在消费这件事上能够保持独立思考的能力，不被虚荣和攀比支配，也不轻易被广告诱惑，避免成为羊群效应中的牺牲品。

> 示范效应是一种社会性趋同心理，人们的消费行为不仅受到收入水平的影响，还会受到其他人（主要是与自身收入相近者）消费行为的影响。

你为"新睡袍"过度消费了吗?

18世纪,法国哲学家德尼·狄德罗收到朋友送的一件质地精良、做工考究的睡袍。狄德罗特别喜欢这件睡袍,他立刻就丢掉了自己的旧长袍,每天穿着新睡袍在书房里走来走去。

不久之后,烦恼就找上了狄德罗。他在书房里踱步时,总觉得身边的装设是那么的不协调:家具或是太破,或是风格不符,地毯的针脚也粗得吓人。为了和自己的新睡袍相配,狄德罗开始陆续对旧的物品进行更新,从椅子到书架,从雕像到闹钟,几乎所有的旧物件都被更换掉了,狄德罗终于拥有一个和新睡袍相配的书房。

这个时候,狄德罗忽然意识到,他竟然"被一件睡袍胁迫了",换了那么多自己原本无意更换的东西。对此,狄德罗开始后悔丢弃自己的旧长袍,并将这种体验写成了一篇文章,题目就叫《与旧睡袍离别后的烦恼》。

1988年,哈佛大学经济学家朱丽叶·斯格尔在《过度消费的美国人》一书中,对新睡袍导致新书房的攀升消费模式进行了详尽的分析,并提出了一个新概念——**"狄德罗效应",也称为"配套效应",是指人们在拥有了一件新的物品之后,不断配置与其相适应的物品,以达到心理平衡的一种现象。**

人们在拥有了一件新物品后,总倾向于不断配置与其相配套的物品,以达到心理上的平衡。就连狄德罗这样的大思想家也难以逃脱这一配套效应的影

社会学与生活

> 人生就一次，我要买一件！

> 得买双配套的鞋子、包和项链……

配套效应

人们在拥有了一件新的物品后，会想不断配置与其相配套的物品，以达到心理上的平衡。

响。毕竟，在思想观念上，他也认为质地精良、图案高雅的睡袍是富贵的象征，应当与高档的家居、华丽的地毯相配套，不然总感觉"不舒服"。

我们在生活中经常会遇到这样的情况——

原本只想到商场买一件上衣，挑选完毕后很满意，可随后就觉得没有合适的裤子搭配它，还需要添置一条裤子；等裤子买完了，突然看旧鞋子也不顺眼了，还想再买一双鞋，甚至买腰带、围巾、背包，本来预算花两三百块钱，结果花了上千元。

买了一套新房子，想着好好装修一番，铺上木地板，装上华丽的吊灯，买了像样的家具，等住进去之后，觉得自己的日用品也得跟着提升一个档次了，就连厨房里的垃圾桶都要选高级的，一切都只是为了实现配套。

狄德罗效应不存在好坏对错之分，只能说是有利有弊。从社会经济角度看，狄德罗效应可以促进经济的发展，刺激消费；生产厂家和商家充分利用这一效应，也可以很好地推销自己的商品；从个人角度来看，过分追求"配套"容易透支，毕竟欲望是无穷尽的，要警惕预料之外的开支。

古今中外，不乏因狄德罗效应"栽跟头"的例子：商纣王继位后不久，叔父箕子看到他请工匠用象牙制作筷子（现在是严格禁止的），担忧不已。箕子心想：既然你用了稀有昂贵的象牙做筷子，杯盘碗盏恐怕也得换成精美器皿。餐具一旦换成了象牙筷子和玉石盘碗，就要千方百计地享用山珍美味了；在尽情享受美味佳肴之时，肯定要穿绫罗绸缎，住奢华宫殿。

一切正如箕子所料，仅仅过了五年光景，纣王就演变到了穷奢极欲、荒淫无耻的地步。纣王的腐败行径，不仅苦了老百姓，而且将一个国家搞得乌七八糟。

不懂得克制，一味地被"配套效应"牵着鼻子走，后果是很严重的。在消费的问题上，我们要掌握好度，非必需的东西尽量不买，因为一旦我们接受了一件，外界和心理的压力就会促使我们接受更多非必需的东西。

> 人们在拥有了一件新物品后，总倾向于不断配置与其相适应的物品，以达到心理上的平衡。配套效应的结果，就是大大增加自己的支出，导致过度消费。

"打卡"网红餐厅的意义何在?

全球酒店行业向来都在比拼装修和标准服务,无论是希尔顿、喜达屋还是万豪,都是用最高规格的方式装修,请最优质的酒店管理服务人员。不过,有一家互联网公司却打破了这种商业格局,它几乎没有一家自己开的酒店,也没有奢华的装修,订房率也不是最高的,可它却快速赶超了全球各大酒店集团,将一切"高大上"甩在身后。

这家公司就是Airbnb(AirBed and Breakfast的缩写),它拥有全球第一的客房数,在2014年年底时就达到了100万,当时希尔顿、万豪、洲际等的房间数还不到70万。疫情过后,随着预订业务的复苏,Airbnb已经成为一家拥有巨大自由现金流的企业。

为什么Airbnb可以迅速赶超全球各大酒店集团?是谁在市场中为它推波助澜呢?纵观Airbnb的商业模式,可圈可点之处有很多,但有一项因素绝对不容忽视,那就是基于社交网络的病毒营销——社交货币!

社交货币,最早是一个人类学和社会学概念,20世纪90年代由法国思想大师皮埃尔·布尔迪厄在《社会资本论》中提出,用于解释经济增长和社会发展。后来,沃顿商学院的市场营销学教授乔纳·伯杰将其应用于营销领域,并在《疯传》一书做了详尽的阐述。

社交货币,通常被用来衡量人们分享信息的倾向性问题,即衡量分享某个

信息后，可以从被分享者那里得到多少认同的货币。

L拍摄了一张堵车的照片，方向盘上显示出"奔驰"的车标，他渴望让微信里的好友知道自己换了一辆新车，彰显消费实力与自我价值；M拍摄了一张海边落日的照片，配上"一个人看海，孤独也自在"的文字，她渴望有人了解和关注自己的孤独，却又不想让人怜悯，就选择用这样的图文来显示自己的文艺情怀。

无论是微信朋友圈，还是抖音或小红书，都可以理解为一个社交货币交易市场。

个体分享的每一张图片、每一首曲子、每一份感受，都将成为衡量其社交货币价值的参数，好友或关注者可以通过这个参数，对其社交货币价值进行评估，并得出彼此之间的一种对比关系。

理解了社交货币的概念之后，再来分析Airbnb的营销思路就简单多了。

社交货币在商业领域的应用，就是利用人们乐于与他人分享的特质，以此塑造自己的产品或思想，让其具备分享的价值，进而激发人们的分享欲，从而实现口碑传播的目的。Airbnb深谙这一点，便在产品中预埋了社交货币，让消费者不辞辛苦也要到这里"打卡"，因为它给消费者带来的心理价值（新奇、漂亮、昂贵、稀缺等）远远超过实用价值，让分享成为一种"谈资"。

> **乔纳·伯杰认为，人们在社交活动中与他人分享故事、事物、经验、知识等，其目的是获取对外的谈资，以提升自身价值，增强身份认同。**

发展闲暇消费有什么好处？

闲暇消费，是指人们在闲暇时间进行的各种消费活动。

闲暇消费有两个前提，一是拥有可以自由支配的时间，二是拥有支付能力。闲暇时间是个人用来享受、娱乐和发展个性的时间，因此有一定的特殊性。

闲暇消费 —— 差异性、多样性、关联性、层次性

闲暇消费是个人自由支配的消费。每个人的兴趣爱好不同，因而在闲暇时间所从事的消费活动也不一样，有人热衷于买书、看电影，有人喜欢看体育比赛或健身，还有人喜欢旅行，消费方式和内容并不单一，而是多样化的。

不同地域有不同的文化传统，且人均收入水平也不一样，这就使人们在闲暇时间里的消费结构和方式呈现出层次性。收入水平较高地区的人们，闲暇消费更多地用于接受教育、参加培训、提升自我、营养保健、服饰美妆、艺术珍藏等；而收入水平较低地区的人们，在这些方面的消费占比会低一些。即使是

在同一地区、收入水平相当的人之间，闲暇消费的结构和方式也不尽相同，这主要受个人因素影响，如教育程度、消费习惯、消费心理、个人消费偏好等。

闲暇消费也是消费的一种，因而与生产也有密不可分的联系，它在一定程度上决定了生产的方式和结构。当闲暇消费发生变化时，消费结构也会随之改变；居民的消费结构变了，需求也就变了，生产结构和方式也要发生改变。

不难看出，发展闲暇消费有利于扩大消费领域，拉动消费需求，促进消费结构与产业结构的优化与升级，形成新的经济增长点；还可以更好地满足人们的身心需要，促进社会文化的发展。正如马克思所说："创造可以自由支配的时间，也就是创造产生科学、艺术等的时间。"

> 闲暇时间和支付能力，是闲暇消费的两个基本前提，这两方面受制于社会生产力的发展水平。因而，闲暇消费可以看作是社会经济发展进步的标志，闲暇消费质量的高低反映了国民生活水平与生活质量的高低。